FORTY-SIX STORIES
IN CLASSICAL GREEK

FORTY-SIX STORIES IN CLASSICAL GREEK

Anne H. Groton
James M. May

focus an imprint of
Hackett Publishing Company, Inc.
Indianapolis/Cambridge

Forty-Six Stories in Classical Greek

© 2014 Anne H. Groton, James M. May

All rights are reserved.

Printed in the United States of America.

21 20 19 18   2 3 4 5 6

Previously published by Focus Publishing/R. Pullins Company

Focus an imprint of
Hackett Publishing Company, Inc.
P.O. Box 44937
Indianapolis, IN, 46244-0937

www.hackettpublishing.com

Library of Congress Cataloging-in-Publication Data

Forty-six stories in classical Greek / Anne H. Groton, James M. May.
    pages cm
"This graded reader is desgined as a supplemental resource for the fourth edition of Anne
H. Groton's From alpha to omega: a beginning course in classical Greek (Focus Publishing,
2013)"—Preface.
    Includes bibliographical references and index.
ISBN 978-1-58510-631-8 (paper)
1. Greek literature. 2. Greek language—Readers. I. Groton, Anne H. (Anne Harmar) II.
May, James M.
PA3416.A5Z3 2014
488.6'421—dc23   2014002600

In Memoriam
Lloyd L. Gunderson

TABLE OF CONTENTS

PREFACE

This graded reader is designed as a supplemental resource for the Fourth Edition of Anne H. Groton's *From Alpha to Omega: A Beginning Course in Classical Greek* (Focus Publishing, 2013). It provides one additional translation passage for each chapter, beginning with Lesson 5. While the forty-six selections are all authentic, the first sixteen had to be heavily adapted from the original version of the Greek. Just under half of the passages in the book come from works by Plato and Xenophon, the rest from Aesop, the dramatists (Sophocles, Euripides, Aristophanes, Menander), the orators (Lysias, Isocrates, Demosthenes), the historian Thucydides, the satirist Lucian, the biographers Arrian and Diogenes Laertius, and the Bible.

The vocabulary and grammatical constructions in each passage are those to which students would have been exposed by the time they reached a particular chapter in *From Alpha to Omega*. Unfamiliar words and grammar are explained in the notes on the facing pages; short introductions supply any necessary background information. Every long alpha, iota, or upsilon, if not circumflexed, is marked with a macron.

All of the words that appear in the readings are included in a glossary at the back of the book. We are grateful to St. Olaf College student Chance Bonar for his care and diligence in producing a draft of the glossary.

It is our hope that students will find these selections—many of which are personal favorites of ours—both entertaining and thought-provoking. Although they are keyed to *From Alpha to Omega*, we believe that working through them will be of value to anyone who is studying ancient Greek, regardless of the textbook or approach being used. If this little reader makes the task of learning Greek somewhat easier, or at least a bit less formidable, we will be happy.

Anne H. Groton

James M. May

St. Olaf College

November, 2013

LESSON 5

First Declension: Feminine Nouns, Part 2

An Unproductive Business Model

(Aesop's Fable 58)

Δέσποινα ὄρνῑν ἔχει. ἡ ὄρνῑς ἅπαξ τῆς ἡμέρᾱς ᾠὸν τίκτει. ἐπειδὴ ἡ δέσποινα σπεύδει πλείονα ᾠὰ ἔχειν, κελεύει τὰς θεραπαίνᾱς τῇ ὄρνῑθι πλείονα τροφὴν βάλλειν. καὶ τῇ ὄρνῑθι κελεύει, Ὥρᾱ πλείονα ᾠὰ τίκτειν. δὶς τῆς ἡμέρᾱς, ὦ ὄρνῑ, τίκτε ᾠόν.

5   ἐπεὶ αἱ θεράπαιναι τῆς δεσποίνης ἀκούουσιν, ἐκ τῶν κλῑνῶν σπεύδουσι καὶ τῇ ὄρνῑθι πλείονα τροφὴν βάλλουσιν. τὴν ὄρνῑν ἡ τροφὴ βλάπτει· οὐδ' ἅπαξ τῆς ἡμέρᾱς ᾠὰ τίκτει.

ἐπεὶ σπεύδεις, ὦ δέσποινα, ᾠὰ ἔχειν, τὴν ὄρνῑν μὴ βλάπτε.

Vocabulary Help for the Reading - Lesson 5

ὄρνῑν (line 1)   hen (*acc. sg. of* ὄρνῑς, *a third-declension feminine noun*)

ἔχει (line 1)   from ἔχω: have, possess

ὄρνῑς (line 1)   nom. sg. of ὄρνῑς

ἅπαξ (line 1)   (*adv.*) once

ἡμέρᾱς (line 1)   from ἡμέρᾱ, -ᾱς, ἡ: day (τῆς ἡμέρᾱς "during the day"; *genitive of time within which*)

ᾠόν (line 1)   egg (*acc. sg. of* ᾠόν, *a second-declension neuter noun*)

τίκτει (line 1)   from τίκτω: give birth to, lay

πλείονα (line 2)   more (*neut. acc. pl. of the comparative adjective* πλείων)

ᾠά (line 2)   acc. pl. of ᾠόν

ὄρνῑθι (line 3)   dat. sg. of ὄρνῑς

πλείονα (line 3)   more (*fem. acc. sg. of the comparative adjective* πλείων)

τροφήν (line 3)   from τροφή, -ῆς, ἡ: food, chicken feed

βάλλειν (line 3)   from βάλλω: throw

δίς (line 4)   (*adv.*) twice

ὄρνῑ (line 4)   voc. sg. of ὄρνῑς

βλάπτει (line 7)   "harms" = makes the overfed chicken too fat

οὐδ' (line 7)   (*adv.*) not even (οὐδ' = *elided form of* οὐδέ)

LESSON 6

Ω-Verbs: Future Active Indicative, Future Active Infinitive

How To Avoid a Beastly Wedding
(Aesop's Fable 145)

Λέων κόρην γαμεῖν σπεύδει. ὁ πατὴρ οὐκ ἐθέλει τὸν γάμον ποιεῖν, ἀλλὰ προσποιεῖται. Ἐθέλω, ὦ λέον, ἀλλ᾽ ὀδόντας καὶ ὄνυχας ἔχεις· τὴν κόρην βλάψουσιν. μέλλεις τὴν φύσιν ἀλλάξειν;

ἐπεὶ ὁ λέων ἀκούει, τοὺς ὀδόντας καὶ ὄνυχας ἐκβάλλει καὶ
5 πάλιν εἰς τὴν οἰκίᾱν σπεύδει. ἀλλ᾽ ὁ πατὴρ τὸν λέοντα πλήττει καὶ ἐκ τῆς οἰκίᾱς διώκει. Φόβον μὴ ἔχε, ὦ κόρη· βλάπτειν ὁ λέων οὐκέτι ἔχει. φιλαίτερον νυμφίον ἡ Μοῖρα πέμψει.

φύλαττε τὴν φύσιν· εἰ ἐχθρὸς κελεύσει ἀλλάττειν, μὴ ἄκουε.

Vocabulary Help for the Reading - Lesson 6

λέων (line 1) lion (*nom. sg. of* λέων, *a third-declension masculine noun*)

γαμεῖν (line 1) from γαμέω, γαμῶ: take as a wife, marry (*the accent of this contract verb will be explained in Lesson 15*)

ὁ πατήρ (line 1) the father (*nom. sg. of* πατήρ, *a third-declension masculine noun, preceded by masculine definite article in the nom. sg.*)

τὸν γάμον (line 1) the wedding (*acc. sg. of* γάμος, *a second-declension masculine noun, preceded by masculine definite article in the acc. sg.*)

ποιεῖν (line 2) from ποιέω, ποιήσω: make (*the accent of this contract verb will be explained in Lesson 15*)

προσποιεῖται (line 2) he pretends (*third-pers. sg. pres. indic., middle voice, of the contract verb* προσποιέω, προσποιήσω)

λέον (line 2) voc. sg. of λέων

ὀδόντας (line 2) teeth (*acc. pl. of* ὀδούς, *a third-declension masculine noun*)

ὄνυχας (line 2) claws (*acc. pl. of* ὄνυξ, *a third-declension masculine noun*)

φύσιν (line 3) nature (*acc. sg. of* φύσις, *a third-declension feminine noun*)

τούς (line 4) masculine definite article in the acc. pl.

ἐκβάλλει (line 4) from ἐκβάλλω, ἐκβαλῶ: throw out, get rid of

τὸν λέοντα (line 5) acc. sg. of λέων, preceded by masculine definite article

πλήττει (line 5) from πλήττω, πλήξω: strike

φόβον (line 6) fear (*acc. sg. of* φόβος, *a second-declension masculine noun*)

φιλαίτερον (line 7) dearer (*masc. acc. sg. of the comparative adjective* φιλαίτερος)

νυμφίον (line 7) bridegroom (*acc. sg. of* νυμφίος, *a second-declension masculine noun*)

ἐχθρός (line 8) enemy (*masc. nom. sg. of the adjective* ἐχθρός "hateful," *here being used as a noun*)

LESSON 7

Second Declension: Masculine Nouns

The Donkey Gets Some Horse Sense
(Aesop's Fable 272)

Ἄνθρωπος ἔχει καὶ ἵππον καὶ ὄνον. λέγει ὁ ὄνος τῷ ἵππῳ·
Λύπᾱς ἐν τῷ βίῳ ἔχω, ἀλλ᾽ ἔχεις χαρᾱς. τοῖς ἵπποις ἡσυχίᾱν πέμπουσιν
οἱ θεοί, ἀλλὰ τοὺς ὄνους ἐθέλουσι βλάπτειν. χαῖρε, ὦ ἵππε, τῇ μοίρᾳ.

ἀλλ᾽ ἐπεὶ ὁ ἄνθρωπος τὸν ἵππον εἰς τὸν πόλεμον λαμβάνει,
5 λύπᾱς καὶ ἐν ταῖς ὁδοῖς καὶ ἐν τοῖς ποταμοῖς ὁ ἵππος ἔχει. οἱ θεοὶ τὸν
ἵππον οὐ φυλάττουσι· πολέμιοι τὸν ἄνθρωπον διώκουσι καὶ τὸν ἵππον
λύουσιν. ἐπειδὴ ὁ ὄνος ἀκούει, τὸν ἵππου βίον ἔχειν οὐκέτι σπεύδει.

τῶν ἀδελφῶν, ὦ ἄνθρωποι, φθόνον μὴ ἔχετε.

Vocabulary Help for the Reading - Lesson 7

ὄνον (line 1)   from ὄνος, -ου, ὁ: donkey

λέγει (line 1)   from λέγω, ἐρῶ/λέξω: say

βίῳ (line 2)   from βίος, -ου, ὁ: life

πόλεμον (line 4)   from πόλεμος, -ου, ὁ: war

λαμβάνει (line 4)   from λαμβάνω, λήψομαι: take

πολέμιοι (line 6)   enemies (*masc. nom. pl. of the adjective* πολέμιοι "hostile,"
     here being used as a noun)

λύουσιν (line 7)   from λύω, λύσω: destroy

φθόνον (line 8)   from φθόνος, -ου, ὁ: envy

Second Declension: Neuter Nouns; Adjectives: First/Second Declension

Taking Things Too Literally
(Aesop's Fable 163)

Λύκος λῑμὸν ἔχει καὶ ἐθέλει δεῖπνον εὑρίσκειν. εἰς οἰκίᾱν
σπεύδει καὶ τέκνου τὰς βοὰς ἀκούει. ἐν τῇ οἰκίᾳ λέγει θεράπαινα·
Μὴ κλᾶε, ὦ τέκνον, ἢ σὲ πέμψω τῷ λύκῳ. τοῖς λόγοις χαίρει ὁ λύκος·
Ἡ θεράπαινα τὸ τέκνον πέμψειν μέλλει. ἐπεὶ τὸ τέκνον πάλιν κλᾱήσει,
5   δεῖπνον καλὸν σχήσω.

ὁ λύκος πολλὴν ὥρᾱν μένει. τῆς ἑσπέρᾱς ἀκούει πάλιν τοῦ
τέκνου τὰς βοάς. ἀλλ' ἡ ἀγαθὴ θεράπαινα τὸ τέκνον οὐ πέμπει τῷ λύκῳ.
λέγει, Μὴ ἔχε φόβον, ὦ καλὸν τέκνον· τὸν βίον φυλάξομεν. εἰ ὁ λύκος
εἰς τὴν οἰκίᾱν σπεύσει, φονεύσομεν. ὁ λύκος λύπην ἔχει καὶ λέγει, Ἡ
10   θεράπαινα τοῖς λόγοις ὅμοια τὰ ἔργα οὐκ ἔχει. ἀπολείψω τὴν οἰκίᾱν.

πολλοὶ ἄνθρωποι ἄλλα λέγουσιν, ἄλλα πράττουσιν.

Vocabulary Help for the Reading - Lesson 8

λύκος (line 1)   from λύκος, -ου, ὁ: wolf

λῑμόν (line 1)   from λῑμός, -οῦ, ὁ: hunger

δεῖπνον (line 1)   from δεῖπνον, -ου, τό: dinner

βοάς (line 2)   from βοή, -ῆς, ἡ: a cry

λέγει (line 2)   from λέγω, ἐρῶ/λέξω: say

κλᾶε (line 3)   from κλάω, κλαήσω: cry

ἤ (line 3)   (*conj.*) or

σέ (line 3)   you (*accusative case of second-person sg. personal pronoun*)

λόγοις (line 3)   from λόγος, -ου, ὁ: word

πολλήν (line 6)   much (*fem. acc. sg. of the adjective* πολύς)

πολλὴν ὥρᾱν (line 6)   for a long while (*accusative of extent of time*)

μένει (line 6)   from μένω, μενῶ: remain

ἑσπέρᾱς (line 6)   from ἑσπέρᾱ, -ᾱς, ἡ: evening (τῆς ἑσπέρᾱς "during the evening"; *genitive of time within which*)

φόβον (line 8)   from φόβος, -ου, ὁ: fear

εἰ (line 8)   (*conj.*) *if*

φονεύσομεν (line 9)   from φονεύω, φονεύσω: kill

ὅμοια (line 10)   similar (to) (*acc. neut. pl. of the adjective* ὅμοιος + *dative*)

πολλοί (line 11)   many (*nom. masc. pl. of the adjective* πολύς)

ἄλλα...ἄλλα (line 11)   some things...other things (*neut. acc. pl. of the adjective* ἄλλος "other," *here being used as nouns*)

πράττουσιν (line 11)   from πράττω, πράξω: do

LESSON

First Declension: Masculine Nouns; Substantives

And the Beat Goes On
(Aesop's Fable 173)

Ἀγύρταις ὄνος δουλεύει καὶ τὰ τύμπανα φέρει. ἐπεὶ ὁ ὄνος ἐν τῇ ὁδῷ μέλλει καὶ οὐκ ἐθέλει σπεύδειν, οἱ ἀγύρται τὸν ὄνον πλήττουσιν. ὁ ὄνος, ἐπειδὴ οἱ ἀγύρται πολλάκις βλάπτουσι, τὸν βίον ἀπολείπει. ἀλλ᾽ ἐκ τοῦ δέρματος τοῦ ὄνου καλὰ τύμπανα οἱ ἀγύρται ποιοῦσιν.

5   ἄλλοι ἀγύρται τοὺς ἀγύρτᾱς βλέπουσιν ἐν τῇ ὁδῷ· Χαίρετε, ὦ ἀδελφοί. τὸν ὄνον ἔτι ἔχετε; καὶ οἱ πρότεροι δεσπόται τοῦ ὄνου λέγουσιν, Ὁ κακὸς ὄνος ἔτι ἄξιος πληγῶν. οὐκέτι βίον ἔχει, ἀλλὰ καὶ ἔτι πλήττομεν.

ἀκούετε, ὦ μαθηταί, καὶ εὑρίσκετε τὴν σοφίᾱν. οἱ οἰκέται καὶ ἐν τῷ θανάτῳ τὴν μοῖραν φεύγειν οὐκ ἔχουσιν· ἐλεύθεροι τῶν ἐν τῷ βίῳ
10   ἔργων, ὅμως ἄλλοις ἔτι δουλεύουσιν.

Vocabulary Help for the Reading - Lesson 9

ἀγύρταις (line 1) from ἀγύρτης, -ου, ὁ: mendicant priest (*literally, "beggar"; the priests of the Near Eastern goddess Cybele traveled around the countryside, beating on tambourines and begging for money*)

ὄνος (line 1) from ὄνος, -ου, ὁ: donkey

τύμπανα (line 1) from τύμπανον, -ου, τό: tambourine

φέρει (line 1) from φέρω, οἴσω: carry

πλήττουσιν (line 2) from πλήττω, πλήξω: strike (*with a blow*), beat

πολλάκις (line 3) (*adv.*) often

δέρματος (line 4) gen. sg. of δέρμα, -ατος, τό (*third-declension noun*): skin

ποιοῦσιν (line 4) from ποιέω, ποιήσω: make (*the accent of this contract verb will be explained in Lesson 15*)

ἄλλοι (line 5) from ἄλλος, -η, -ο: other

βλέπουσιν (line 5) from βλέπω, βλέψομαι: see

λέγουσιν (line 6) from λέγω, ἐρῶ/λέξω: say

πληγῶν (line 7) from πληγή, -ῆς, ἡ: a blow, a beating

σοφίᾱν (line 8) from σοφίᾱ, -ᾱς, ἡ: wisdom

θανάτῳ (line 9) from θάνατος, -ου, ὁ: death

φεύγειν (line 9) from φεύγειν, φεύξομαι: flee, avoid, escape

ὅμως (line 10) (*particle*) nevertheless

LESSON 10

Ω-Verbs: Imperfect Active Indicative; Correlatives

Birdbrained Behavior

(Aesop's Fable 39)

Χελῑδὼν ἐν τῇ ἐκκλησίᾳ τῶν ὀρνίθων ἔλεγεν· Ἀκούετε μέν,
μὴ μέλλετε δὲ πράττειν. οἱ ἄνθρωποι τοὺς ὄρνῑθας διώκειν καὶ λύειν
ἔχουσιν. ὥρᾱ οὖν εἰς τοὺς ἀνθρώπους σπεύδειν καὶ περὶ τῆς εἰρήνης
λέγειν. εἰ τοὺς ὄρνῑθας τοῖς ἀνθρώποις φίλους ποιήσομεν, τὸν βίον τῶν
5   ὀρνίθων φυλάξομεν.

ἡ χελῑδὼν τὴν ἀλήθειαν ἔλεγεν, ἀλλ᾽ οἱ ὄρνῑθες οὐκ ἤκουον·
οἱ μὲν τοῖς ἀνθρώποις λέγειν οὐκ ἤθελον, οἱ δὲ τὸν κίνδῡνον οὐκ ἔβλεπον.
ἡ μὲν οὖν φίλη χελῑδὼν νῦν ἐν ταῖς τῶν ἀνθρώπων οἰκίαις τὴν νεοττιὰν
ποιεῖ, οἱ δ᾽ ἄλλοι ὄρνῑθες, ἐπεὶ οἱ ἄνθρωποι διώκουσι, θάνατον ἐν τοῖς
10   δικτύοις εὑρίσκουσιν.

φεύγετε, ὦ ἄνθρωποι, τοὺς κινδύνους καὶ τῇ εἰρήνῃ χαίρετε.
ἕξετε δ᾽ οὖν βίον ἐλεύθερον κακῶν.

Vocabulary Help for the Reading - Lesson 10

χελῑδών (line 1)   nom. sg. of χελῑδών, -όνος, ἡ (*third-declension noun*): swallow

ἐκκλησίᾳ (line 1)   from ἐκκλησίᾱ, -ᾱς, ἡ: assembly

ὀρνίθων (line 1)   gen. pl. of ὄρνῑς, -ῑθος, ὁ (*third-declension noun*): bird

ὄρνῑθας (line 2)   acc. pl. of ὄρνῑς

λύειν (line 2)   from λύω, λύσω: destroy

περί (line 3)   (*prep. + gen.*) concerning, about

εἰρήνης (line 3)   from εἰρήνη, -ης, ἡ: peace

εἰ (line 4)   (*conj.*) if

ποιήσομεν (line 4)   from ποιέω, ποιήσω: make

ὄρνῑθες (line 6)   nom. pl. of ὄρνῑς

νῦν (line 8)   (*adv.*) now

νεοττιάν (line 8)   from νεοττιά, -ᾱς, ἡ: nest

ποιεῖ (line 9)   from ποιέω, ποιήσω: make (*the accent of this contract verb will be explained in Lesson 15*)

ἄλλοι (line 9)   from ἄλλος, -η, -ο: other

δικτύοις (line 10)   from δίκτυον, -ου, τό: net

LESSON 11

Ω-Verbs: Middle/Passive Voice; Prepositions

A Lovesick Youth and a Loveless Cook

(adapted from Menander's *Dyskolos* 366-410)

Sostratos, a young Athenian, has fallen madly in love with a country girl and wants to marry her; she is the daughter of Knemon, a bad-tempered old man suspicious of city folk. To win Knemon's approval, Sostratos (who has no experience with manual labor) volunteers to help Gorgias, Knemon's stepson, with the farm work.

ΓΟΡΓΙΑΣ.   Σκάπτειν ἐν τῇ χώρᾳ ἐθέλεις;

ΣΩΣΤΡΑΤΟΣ.   Ἐθέλω. πάντα πράττειν σπεύδω. εἰ μὴ τὴν καλὴν κόρην σχήσω, τὸν βίον ἀπολείψω.

ΓΟΡΓΙΑΣ.   Μακρὰ μὲν ἡ εἰς τὴν χώρᾱν ὁδός, ἄμαξαν δ᾽ οὐκ ἔχομεν.
5   οἴσεις τὴν δίκελλαν;

ΣΩΣΤΡΑΤΟΣ.   Οὐ τρέψομαι ἀπὸ τοῦ ἔργου· τῇ κόρῃ δουλεύω. (*The next sentences are spoken as an aside.*) ὦ θεοί, ἡ κόρη τῇ ἀληθείᾳ θησαυρός. πόρρω τῶν τῆς πόλεως κινδύνων ἐπαιδεύετο ὑπὸ τοῦ πατρός. ἀγαθοὺς οὖν τρόπους ἔχει καὶ βίον ἐλεύθερον κακῶν. ἀλλὰ τὴν δίκελλαν μόλις
10   ἔχω φέρειν. τὸν μὲν θάνατον εὑρήσω, τὸ δ᾽ ἔργον ὅμως οὐ φεύξομαι. τῇ Μοίρᾳ πείσομαι.

As Sostratos and Gorgias leave, the cook Sikon enters, carrying a live sheep on his shoulders. Sikon has been hired by Sostratos' family to prepare a meal at the shrine next to Knemon's house. The slave Getas follows, carrying the rest of the supplies.

ΣΙΚΩΝ.   Τὸ πρόβατον οὐκ ἤθελεν ἐν τῇ ὁδῷ σπεύδειν. μετέωρον οὖν φέρω. κακοὺς δὲ τρόπους ἔχει καὶ φύλλα ἐκ τῶν δένδρων ἁρπάζει. κόπτομαι ὁ μάγειρος ὑπὸ τοῦ προβάτου. σχεδὸν πείθομαι εἰς λίμνην
15   ῥίπτειν. φυλάττου, ὦ ἀνάξιον πρόβατον, τὴν ἐμὴν ὀργήν. ἀλλ᾽ ὁ τόπος οὐ πόρρω. Γέτα, τί ἀπολείπῃ;

ΓΕΤΑΣ.   Πολλὰ φέρω.

ΣΙΚΩΝ.   Χαίρω· εἰ πολλὰ φέρεις, οὐ μῑκρὸν δεῖπνον ἕξομεν.

ΓΕΤΑΣ.   Ἄνθρωπε, μὴ κόπτε.

Vocabulary Help for the Reading - Lesson 11

σκάπτειν (line 1)   from σπάπτω, σκάψω: dig

πάντα (line 2)   all things (*neut. acc. pl. of the adj.* πᾶς, *here a substantive*)

εἰ μή (line 2)   (*conj. + negative adv.*) if not, unless

οἴσεις (line 5)   from φέρω, οἴσω: carry

δίκελλαν (line 5)   from δίκελλα, -ης, ἡ: mattock, two-pronged hoe

πόλεως (line 8)   gen. sg. of πόλις, -εως, ἡ (*third-declension noun*): city

πατρός (line 8)   gen. sg. of πατήρ, -τρός, ὁ (*third-declension noun*): father

μόλις (line 9)   (*adv.*) hardly, scarcely

ὅμως (line 10)   (*particle*) nevertheless

πρόβατον (line 12)   from πρόβατον, -ου, τό: sheep

μετέωρον (line 12)   from μετέωρος, -ον: high up, lifted up (*on his shoulders*)

φύλλα (line 13)   from φύλλον, -ου, τό: leaf

δένδρων (line 13)   from δένδρον, -ου, τό: tree

ἁρπάζει (line 13)   from ἁρπάζω, ἁρπάσω: seize, snatch

κόπτομαι (line 14)   from κόπτω, κόψω: chop (*literally*), annoy (*figuratively*)

μάγειρος (line 14)   from μάγειρος, -ου, ὁ: cook

σχεδόν (line 14)   (*adv.*) nearly, almost

ῥίπτειν (line 15)   from ῥίπτω, ῥίψω: throw, hurl

ἐμήν (line 15)   from ἐμός, -ή, -όν: my

ὀργήν (line 15)   from ὀργή, -ῆς, ἡ: anger

Γέτᾱ (line 16)   from Γέτᾱς, -ου, ὁ: Geta

τί (line 16)   why? (*neut. acc. sg. of interrogative pronoun* τίς, *used adverbially*)

ἀπολείπῃ (line 16)   here = "lag behind"

πολλά (line 17)   many things (*neut. acc. pl. of the adj.* πολύς, *here a substantive*)

δεῖπνον (line 18)   from δεῖπνον, -ου, τό: dinner

LESSON 12

εἰμί; Enclitics

Medea Pretends To Have Buried the Hatchet

(adapted from Euripides' *Medea* 869-975)

The Greek hero Jason, much to the distress of his foreign wife Medea, has just married a Greek princess so that he can eventually succeed her father, Creon, and become the king of Corinth. Meanwhile Creon has ordered Medea and her two sons to go into exile. At this point in the play, Medea seems to have calmed down and accepted the situation, but in fact she is setting in motion a devious plan to murder Jason's new bride with poisoned wedding-gifts.

ΜΗΔΕΙΑ. Ἰᾶσον, ἴσθι συγγνώμων τῶν προτέρων λόγων. ἐν ἀρχῇ γε διὰ μανίας ἔλεγον. τί τοὺς φίλους πολεμίοις λόγοις ἔβλαπτον; τί τῇ καλῇ μοίρᾳ καὶ τοῖς τῶν θεῶν δώροις οὐκ ἔχαιρον; τῇ ἀληθείᾳ ἄφρων ἦ. ἀλλὰ σπεύδω τοὺς τρόπους ἀλλάττειν. ὦ τέκνα τέκνα (*calling to her children,*
5 *who are offstage*), λείπετε τὴν οἰκίαν. ὥρᾱ ἀσπάζεσθαι τὸν πατέρα. οὐκέτι ἐχθροί ἐσμεν.

ΙΑΣΩΝ. Ἐπειδὴ τὰ ἔργα σοφῆς ἀνθρώπου πράττεις, τὴν ὀργὴν λύσω. καὶ μέλλω τὰ τέκνα φυλάξειν. τὴν μὲν ἀρχὴν ἐν Κορίνθῳ οὐχ ἕξετε, ὦ τέκνα, καλῇ δὲ δόξῃ χαιρήσετε καὶ βίῳ μακρῷ, εἴ γ' ἐθελήσουσιν οἱ θεοί.
10 ἀλλὰ τί δακρύεις;

ΜΗΔΕΙΑ. Διὰ τὰ τέκνα φοβερά εἰμι. ὁ Κρέων διώξει ἐκ τῆς χώρᾱς. πείσεις τὸν δεσπότην τὸν νοῦν ἀλλάττειν;

ΙΑΣΩΝ. Μηκέτι ἴσθι φοβερά· τὰ τέκνα οὐ φεύξεται. κελεύσω τὴν νύμφην τῷ πατρὶ λέγειν. τῆς γε κόρης ἀκούσεται ὁ δεσπότης.

15 ΜΗΔΕΙΑ. Καὶ δῶρα πέμψω. καλὸν πέπλον καὶ πλόκον τὰ τέκνα εἰς τὴν νύμφην οἴσει. τὴν μὲν εἰρήνην ἕξομεν, ἡ δὲ τῆς νύμφης δόξα ἀθάνατος ἔσται.

ΙΑΣΩΝ. Τί πράττεις, ὦ ματαίᾱ; εἰς πλουσίᾱν οἰκίᾱν δῶρα μὴ πέμπε.

ΜΗΔΕΙΑ. Καὶ θεοὺς δῶρα πείθει. ἀλλ', ὦ τέκνα, σπεύδετε καὶ τὸ ἔργον
20 πράττετε. ἡ δ' ἀξίᾱ νύμφη τοῖς δώροις χαιρέτω. πρόθῡμος ἔσομαι τὴν καλὴν ἀγγελίᾱν ἀκούειν.

Vocabulary Help for the Reading - Lesson 12

Ἰᾶσον (line 1)   voc. sg. of Ἰάσων, Ἰάσονος, ὁ (*third-declension noun*): Jason

συγγνώμων (line 1)   nom. masc. sg. of συγγνώμων, -ον (*third-declension adj.*)
(+ *gen.*) : forgiving (of)

μανίας (line 2)   from μανία, -ας, ἡ: madness

τί (line 2, twice)   why? (*neut. acc. sg. of interrog. pronoun* τίς, *used adverbially*)

ἄφρων (line 3)   nom. fem. sg. of ἄφρων, -ον (*third-declension adj.*): crazy

ἀσπάζεσθαι (line 5)   from ἀσπάζομαι, ἀσπάσομαι: greet, embrace

πατέρα (line 5)   acc. sg. of πατήρ, -τρός, ὁ (*third-declension noun*): father

σοφῆς (line 7)   from σοφός, -ή, -όν: wise

ὀργήν (line 7)   from ὀργή, -ῆς, ἡ: anger

Κορίνθῳ (line 8)   from Κόρινθος, -ου, ἡ: Corinth

δόξῃ (line 9)   from δόξα, -ης, ἡ: reputation

εἰ (line 9)   (*conj.*) if

τί (line 10)   why? (*neut. acc. sg. of interrog. pronoun* τίς, *used adverbially*)

δακρύεις (line 10)   from δακρύω, δακρύσω: weep

φοβερά (line 11)   from φοβερός, -ά, -όν: fearful

Κρέων (line 11)   from Κρέων, -οντος, ὁ (*third-declension noun*): Creon

νοῦν (line 12)   from νοῦς (= νόος), νοῦ, ὁ: mind

νύμφην (line 14)   from νύμφη, -ης, ἡ: bride

πατρί (line 14)   dat. sg. of πατήρ, -τρός, ὁ (*third-declension noun*): father

πέπλον (line 15)   from πέπλος, -ου, ὁ: robe

πλόκον (line 15)   from πλόκος, -ου, ὁ: wreath (*to be worn on the head*)

οἴσει (line 16)   from φέρω, οἴσω: carry

τί (line 18)   what? (*neut. acc. sg. of interrog. pronoun* τίς)

ματαίᾱ (line 18)   from μάταιος, -ά, -ον: foolish

πλουσίᾱν (line 18)   from πλούσιος, -ά, -ον: wealthy

πρόθῡμος (line 20)   from πρόθῡμος, -ον (+ *infin.*): eager (to)

ἀγγελίᾱν (line 21)   from ἀγγελία, -ας, ἡ: news

LESSON 13

Demonstratives

The Wit of Aristippus

(adapted from Diogenes Laertius' *Lives of the Philosophers* 2.69-70, 72)

Aristippus, a native of Cyrene, moved to Athens to learn from Socrates and then became a philosopher himself. Unlike Socrates, he charged fees for his services and was criticized for his luxurious lifestyle. In this passage Diogenes Laertius records some of Aristippus' clever quips.

Ἀρίστιππος καὶ νεανίας εἰς ἑταίρας οἰκίαν ἐτρέποντο.
ἐκεῖνος, ἐπεὶ τὸν νεανίαν ἐρυθριῶντα βλέπει, τούτῳ λέγει, Εἰς τὴν οἰκίαν
τρέπεσθαι οὐκ ἀνάξιόν ἐστιν, ἀλλὰ μὴ ἔχειν ἐκ τῆς οἰκίας τρέπεσθαι.

ἐπεὶ δὲ φιλόσοφος Ἀριστίππῳ αἴνιγμα παρεῖχε καὶ ἐκέλευε
5 λύειν, οἱ ἐκείνου λόγοι οἵδ' ἦσαν· Τί, ὦ μάταιε, τὸ αἴνιγμα λύειν ἐθέλεις;
τοῦτο γὰρ καὶ δεδεμένον πράγματα παρέχει.

ἐπεὶ δ' Ἀρίστιππος ὑπ' ἀνθρώπου ἐλοιδορεῖτο καὶ ἔφευγεν,
ὁ ἄνθρωπος ἐδίωκε καὶ ἔλεγεν, Οὗτος, τί νῦν φεύγεις; οἱ δ' Ἀριστίππου
λόγοι τότ' ἦσαν, Ὅτι σὲ μὲν ἔστι κακῶς λέγειν, ἐμὲ δὲ μὴ ἀκούειν.

10 καὶ φίλος ἔσπευδε τὴν τούτου φιλοσοφίαν τὴν περὶ τῆς
παιδείας ἀκούειν· Ὁ υἱός μου σοφὸς ἔσται εἰ παιδεύσεις; τῷδε τῷ φίλῳ ὁ
φιλόσοφος λέγει, Εἰ τὸν υἱὸν παιδεύσω, ἔν γε τῷ θεάτρῳ οὐκ ἔσται λίθος
ἐπὶ λίθῳ.

ἔσπευδε μὲν ἄνθρωπος τὸν υἱὸν ὑπὸ τοῦ Ἀριστίππου
15 παιδεύεσθαι, ἐπεὶ δ' ἤκουε τὴν τῑμὴν πεντακοσίων δραχμῶν, οὐκ ἔχαιρε·
Πεντακοσίων δραχμῶν ἔχω δοῦλον ἀγοράζειν. καὶ Ἀρίστιππος λέγει,
Ἀγόραζε οὖν δοῦλον καὶ ἕξεις δύο, ὁ γὰρ υἱός, εἰ μὴ σοφίαν εὑρήσει,
δοῦλος ἀεὶ ἔσται.

Vocabulary Help for the Reading - Lesson 13

Ἀρίστιππος (line 1)   from Ἀρίστιππος, -ου, ὁ: Aristippus

ἑταίρᾱς (line 1)   from ἑταίρᾱ, -ᾱς, ἡ: prostitute, courtesan

ἐρυθριῶντα (line 2)   blushing (*masc. acc. sg. of pres. act. participle of* ἐρυθριάω, ἐρυθριάσω "blush")

αἴνιγμα (line 4)   acc. sg. of αἴνιγμα, -ατος, τό (*third-declension noun*): riddle

παρεῖχε (line 4)   from παρέχω, παρέξω/παρασχήσω: offer, present

τί (line 5)   why? (*neut. acc. sg. of interrog. pronoun* τίς, *used adverbially*)

μάταιε (line 5)   from μάταιος, -ᾱ, -ον: foolish

δεδεμένον (line 6)   bound (*nom. neut. sg. of perf. pass. participle of* δέω, δήσω "bind")—as if the riddle were a person tied up because of causing trouble; "releasing" or solving the riddle would let the dangerous person loose

πρᾱγματα (line 6)   acc. pl. of πρᾶγμα, -ατος, τό (*third-declension noun*): problem

ἐλοιδορεῖτο (line 7)   from λοιδορέω, -ήσω (*contract verb*): reproach, revile

τί (line 8)   why? (*neut. acc. sg. of interrog. pronoun* τίς, *used adverbially*)

ὅτι (line 9)   (*conj.*) because

κακῶς (line 9)   (*adv.*) wickedly

περί (line 10)   (*prep. + gen.*) concerning, about

παιδείᾱς (line 11)   from παιδείᾱ, -ᾱς, ἡ: education

υἱός (line 11)   from υἱός, -οῦ, ὁ: son

μου (line 11)   my (*literally,* "of me"; *enclitic gen. sg. of the personal pronoun* ἐγώ)

εἰ (line 11)   (*conj.*) if

θεάτρῳ (line 12)   from θέᾱτρον, -ου, τό: theater

ἔσται (line 12)   supply ὁ υἱός as the subject

ἐπί (line 13)   (*prep. + dat.*) on (*in ancient theaters spectators sat on stone benches*)

τῑμήν (line 15)   from τῑμή, -ῆς, ἡ: price

πεντακοσίων (line 15)   from πεντακόσιοι, -αι, -α: 500

δραχμῶν (line 15)   from δραχμή, -ῆς, ἡ: drachma (*genitive of price*)

ἀγοράζειν (line 16)   from ἀγοράζω, ἀγοράσω: buy

δύο (line 17)   two (*masc. acc. dual of the numerical adj.* δύο, δυοῖν)

εἰ μή (line 17)   (*conj. + negative adv.*) if not, unless

ἀεί (line 18)   (*adv.*) always

LESSON 14

Personal Pronouns

You Ought To Be Ashamed!

(adapted from Xenophon's *Memorabilia* 3.13-14)

Xenophon recalls a conversation between Socrates and a man who had just returned from a trip and was complaining about how tiring the journey had been.

ΑΝΘΡΩΠΟΣ.   Ὡς μακρὰ ἦν ἡ ὁδός μου· αὐτῇ οὐκ ἔχαιρον.

ΣΩΚΡΑΤΗΣ.   Καὶ φορτίον ἔφερες;

ΑΝΘΡΩΠΟΣ.   Μὰ Δί᾽ οὐκ ἔγωγ᾽, ἀλλὰ τὸ ἱμάτιον.

ΣΩΚΡΑΤΗΣ.   Μόνος δ᾽ ἐπορεύου, ἢ καὶ οἰκέτης σε ἐκόμιζεν;

5   ΑΝΘΡΩΠΟΣ.   Ἐκόμιζεν.

ΣΩΚΡΑΤΗΣ.   Κενὸς ἦν, ἢ ἔφερέ τι;

ΑΝΘΡΩΠΟΣ.   Ἔφερε, νὴ Δία, καὶ τὰ βιβλία μου καὶ τὰ ἄλλα.

ΣΩΚΡΑΤΗΣ.   Καὶ τῇ αὐτῇ ὁδῷ ἔχαιρεν;

ΑΝΘΡΩΠΟΣ.   Νὴ Δί᾽, ἔμοιγε δοκεῖ.

10   ΣΩΚΡΑΤΗΣ.   Ἀλλ᾽ εἰ ἐκεῖνος τῇ ὁδῷ χαίρει ἐπεὶ τὸ φορτίον φέρει, τί οὖν οὐ σπεύδεις τοὺς τρόπους ἀλλάττειν καὶ σὺ αὐτὸς αὐτὸ φέρειν; εἰ γὰρ οἴσεις, οὐχ ὁμοίως χαιρήσεις;

ΑΝΘΡΩΠΟΣ.   Μὰ Δί᾽ οὐ χαιρήσω, τὸ γὰρ ἐκείνου φορτίον οὐχ ἕξω αὐτὸς φέρειν.

15   ΣΩΚΡΑΤΗΣ.   Ἐπιπλήττεσθαι ἄξιος εἶ, ὦ ἄνθρωπε, οὐδὲ γὰρ τὸ αὐτὸ τῷ οἰκέτῃ ἔχεις φέρειν. οὐκ ἔστι σοὶ αἰδώς;

On another occasion, according to Xenophon, Socrates rebuked a guest who was behaving inappropriately at a dinner party.

Σύνδειπνος ἐπὶ τῷ ἑνὶ ψωμῷ πλειόνων ὄψων ἐγεύετο. καὶ ὁ Σωκράτης τούτῳ ἐπέπληττεν· οὗτος, τί τὰ παντοδαπὰ ὄψα συμμειγνύεις καὶ ἅμα εἰς τὸ στόμα πέμπεις; οἱ γὰρ μάγειροι τὰ οὐχ ἁρμόττοντα ὄψα οὐ

20   συμμειγνύουσιν. σύ γε λύεις τὴν τέχνην αὐτῶν.

Vocabulary Help for the Reading - Lesson 14

ὡς (line 1)   (adv.) how! (combined with an adj. to make an exclamation)

φορτίον (line 2)   from φορτίον, -ου, τό: load, burden

μὰ Δί᾽ (line 3)   (negative oath) no, by Zeus (particle μά + acc. sg. of Ζεύς, Διός, ὁ; μὰ Δί᾽ = elided form of μὰ Δία)

ἀλλά (line 3)   here = "(nothing) but" or "(nothing) except"

ἱμάτιον (line 3)   from ἱμάτιον, -ου, τό: cloak

μόνος (line 4)   from μόνος, -η, -ον: alone

ἐπορεύου (line 4)   from πορεύω, πορεύσω: make go; (mid.) go, travel

ἤ (line 4)   (conj.) or

ἐκόμιζεν (line 4)   from κομίζω, κομιῶ: escort

κενός (line 6)   from κενός, -ή, -όν: empty, empty-handed

τι (line 6)   something (neut. acc. sg. of enclitic indef. pron. τις, τι)

νὴ Δία (line 7)   (positive oath) yes, by Zeus (particle νή + acc. sg. of Ζεύς, Διός, ὁ)

ἄλλα (line 7)   from ἄλλος, -η, -ο: other

δοκεῖ (line 9)   it seems (from the contract verb δοκέω, δόξω, used impersonally)

εἰ (line 10)   (conj.) if

τί (line 10)   why? (neut. acc. sg. of interrog. pron. τίς, used adverbially)

ὁμοίως (line 12)   similarly (adv. derived from the adj. ὅμοιος, -ᾱ, -ον "similar")

οὐδέ (line 15)   (adv.) not even

τὸ αὐτό (line 15)   (+ dat.) the same as (literally, "the same to")

αἰδώς (line 16)   from αἰδώς, -οῦς, ἡ: shame

σύνδειπνος (line 17)   from σύνδειπνος, -ου, ὁ or ἡ: dinner companion

ἑνί (line 17)   dat. sg. of εἷς, μία, ἕν (mixed-declension adj.): one

ψωμῷ (line 17)   from ψωμός, -οῦ, ὁ: morsel, small piece of bread

πλειόνων (line 17)   gen. pl. of compar. adj. πλείων, -ον: more than one, several

ὄψων (line 17)   from ὄψον, -ου, τό: sauce, seasoning

ἐγεύετο (line 17)   from γεύω, γεύσω: (mid. + gen.) get a taste of, taste

Σωκράτης (line 18)   nom. sg. of Σωκράτης, -ους, ὁ (third-declension noun): Socrates

τί (line 18)   why? (neut. acc. sg. of interrog. pron. τίς, used adverbially)

παντοδαπά (line 18)   from παντοδαπός, -ή, -όν: of every kind

συμμειγνύεις (line 18)   from συμμειγνύω, συμμείξω: mix together

ἅμα (line 19)   (adv.) at the same time, together

στόμα (line 19)   acc. sg. of στόμα, -ατος, τό (third-declension noun): mouth

μάγειροι (line 19)   from μάγειρος, -ου, ὁ: cook

ἁρμόττοντα (line 19)   harmonizing (neut. acc. pl. of pres. act. participle of ἁρμόττω, ἁρμόσω "fit together")

τέχνην (line 20)   from τέχνη, -ης, ἡ: art, craft

LESSON 15

Contract Verbs; Contracted Futures

Ajax Makes a Tragic Spectacle of Himself
(adapted from Sophocles' *Ajax* 1-93)

After the death of Achilles in the Trojan War, Ajax and Odysseus compete over Achilles' armor. When the armor is awarded to Odysseus, Ajax is so upset that he plots to kill Odysseus and the other leaders of the Greek army; the goddess Athena saves them by making Ajax go mad and slaughter the Greeks' livestock instead. Sophocles' play begins just after that incident, with Athena addressing Odysseus.

ΑΘΗΝΑ.   Ἐπὶ ταῖς σκηναῖς, ὦ φίλε Ὀδυσσεῦ, σὲ βλέπω. τίνα τῶν ἐχθρῶν σου διώκεις; σὲ γὰρ ὠφελεῖν σπεύδω.

ΟΔΥΣΣΕΥΣ.   Σοῦ μὲν ἀκούω, ὦ φίλη δέσποινα, σὲ δὲ τῑμῶ. ἐμὲ γὰρ σὺ φιλεῖς κομίζειν. σοί γε δῆλος ὁ νοῦς μου ἀεί ἐστιν, ἀλλ᾽ ἐπειδή με λέγειν
5   κελεύεις, νῦν ἐρῶ. τὸν Αἴαντα διώκω. ἐκεῖνος γὰρ διὰ τῆσδε τῆς νυκτὸς πρόβατα ἥρπαζε καὶ ἔλυεν. λέγουσι μὲν τοῦτό γ᾽ ἄνθρωποι, οὔπω δὲ πείθομαι. δήλου μοι, ὦ θεὰ σοφή, τὴν ὁδὸν τὴν εἰς τὴν ἀλήθειαν.

ΑΘΗΝΑ.   Ταῦτα τὰ ἀνάξια ἔργα ἀληθείᾳ ἦν τὰ τοῦ Αἴαντος. δεινὴ γὰρ μανίᾱ αὐτὸν ἔχει.

10   ΟΔΥΣΣΕΥΣ.   Τίς τῶν θεῶν ἤθελεν αὐτὸν ταύτῃ τῇ μανίᾳ πλήττειν;

ΑΘΗΝΑ.   Ἔγωγε. σὲ γὰρ καὶ τοὺς ἄλλους στρατηγοὺς οὗτος ἔμελλεν ἁρπάσειν καὶ λύσειν. τὰς οὖν γνώμᾱς αὐτοῦ ἀλλάττειν ἔσπευδον ἐγὼ καὶ τοὺς θανάτους ῡ̔μῶν ἐπὶ τὰ πρόβατα τρέπειν. τούτων δ᾽ ὀλίγα νῦν ἔχει ἐν τῇ σκηνῇ καὶ τῷ ξίφει βλάπτει. ὥρᾱ ἡμῖν αὐτὸν βλέπειν· τρέπου,
15   ὦ Αἶαν, ἐκ τῆς σκηνῆς.

ΟΔΥΣΣΕΥΣ.   Τί πράττεις, Ἀθάνᾱ; κέλευε τοῦτον ἔτι μένειν ἐν τῇ σκηνῇ.

ΑΘΗΝΑ.   Οὐ σπεύδεις ἐπὶ τῷ ἐχθρῷ σου γελᾶν;

ΟΔΥΣΣΕΥΣ.   Βλέπειν τὴν ἐκείνου μανίᾱν οὐ σπεύδω.

ΑΘΗΝΑ.   Μὴ ἴσθι δειλός. σὲ γὰρ οὗτος οὐ βλέψεται. σκότον ἐπὶ τοὺς
20   ὀφθαλμοὺς αὐτοῦ βαλῶ. οὗτος, Αἶαν, πάλιν σε καλῶ.

ΑΙΑΣ.   Ὦ χαῖρ᾽, Ἀθάνᾱ, χαῖρε, Διογενὲς τέκνον. ἀξίᾱ εἶ τῑμᾶσθαι, σὺ γὰρ καὶ ἐγὼ σύμμαχοι τοὺς ἐχθροὺς λύειν φιλοῦμεν.

After a crazed conversation with Athena, Ajax returns to his tent.

Vocabulary Help for the Reading - Lesson 15

Ὀδυσσεῦ (line 1)   voc. sg. of Ὀδυσσεύς, -έως, ὁ (*third-declension noun*): Odysseus

τίνα (line 1)   which one? (*masc./fem. acc. sg. of interrog. pron.* τίς, τί)

νοῦς (line 4)   from νοῦς (= νόος), νοῦ, ὁ: mind

ἀεί (line 4)   (*adv.*) always

Αἴαντα (line 5)   acc. sg. of Αἴας, Αἴαντος, ὁ (*third-declension noun*): Ajax

νυκτός (line 5)   gen. sg. of νύξ, νυκτός, ἡ (*third-declension noun*): night

πρόβατα (line 6)   from πρόβατον, -ου, τό: farm animal, sheep; (*pl.*) cattle

οὔπω (line 6)   (*adv.*) not yet

δεινή (line 8)   from δεινός, -ή, -όν: dreadful

μανίᾱ (line 9)   from μανίᾱ, -ᾱς, ἡ: madness

τίς (line 10)   which one? (*masc./fem. nom. sg. of interrog. pron.* τίς, τί)

ἄλλους (line 11)   from ἄλλος, -η, -ο: other

στρατηγούς (line 11)   from στρατηγός, -οῦ, ὁ: general

γνώμᾱς (line 12)   from γνώμη, -ης, ἡ: judgment

θανάτους (line 13)   here = "murders"

ὀλίγα (line 13)   from ὀλίγος, -η, -ον: little; (*pl.*) few

ξίφει (line 14)   dat. sg. of ξίφος, -ους, τό (*third-declension noun*): sword

Αἶαν (line 15)   voc. sg. of Αἴας (*second α is shortened in drama for metrical reasons*)

Ἀθάνᾱ (line 16)   from Ἀθάνᾱ, -ᾱς, ἡ: Athena (*Doric form of her name, preferred by Sophocles; in Attic her name is contracted:* Ἀθηνᾶ, -ᾶς, ἡ)

μένειν (line 16)   from μένω, μενῶ: remain

δειλός (line 19)   from δειλός, -ή, -όν: cowardly

σκότον (line 19)   from σκότος, -ου, ὁ: darkness

ὀφθαλμούς (line 20)   from ὀφθαλμός, -οῦ, ὁ: eye

καλῶ (line 20)   from καλέω, καλῶ: call, summon

χαῖρ' (line 21)   -ε is elided for metrical reasons; *Ajax's address to Athena is an exact quotation from the play: the words* Ὦ χαῖρ', Ἀθάνᾱ, χαῖρε, Διογενὲς τέκνον *form an iambic trimeter* (= verse 91)

Διογενές (line 21)   neut. voc. sg. of Διογενής, -ές (*third-declension adj.*): born from Zeus (Ζεύς, Διός, ὁ; *the god Zeus is Athena's father*)

σύμμαχοι (line 22)   from σύμμαχος, -ον: allied; (*as a substantive*) ally

LESSON 16

Third Declension: Stop, Liquid, and Nasal Stems

Facing the Facts about Friendship

(adapted from Xenophon's *Memorabilia* 2.6)

Socrates is having a discussion with Critobulus about the sort of person worth pursuing as a friend and about the characteristics of a true friendship.

ΚΡΙΤΟΒΟΥΛΟΣ.   Ποῖον δ᾽ ἄνθρωπον σπεύσομεν φίλον ποιεῖσθαι; καὶ πῶς τοὺς ἐκείνου τρόπους δοκιμάσομεν;

ΣΩΚΡΑΤΗΣ.   Τοὺς μὲν ἀνδριαντοποιοὺς δοκιμάζομεν οὐ τοῖς λόγοις αὐτῶν, ἀλλὰ τοῖς προτέροις ἀνδριᾶσιν. τοὺς δὲ φίλους δοκιμάσομεν
5   ἐν τῷ αὐτῷ τρόπῳ· εἰς τὰ πρότερα ἔργα αὐτῶν βλεψόμεθα. καὶ ἀξίους ἀνθρώπους, ἐπεὶ αὐτοὺς εὑρήσομεν, οὐ ἀπάτῃ διώξομεν ὥσπερ τὰς ὄρνῖθας, οὐ βίᾳ ὥσπερ τοὺς λέοντας, ἀλλὰ τῇ ἀρετῇ. ἐπεὶ οὖν ἀξίους ἀνθρώπους μέλλομεν φίλους ποιήσεσθαι, οἱ θεοὶ ἡμᾶς κελεύουσιν καὶ ἀγαθοὺς εἶναι καὶ ἀγαθὰ ἔργα πράττειν αὐτούς. οὐ γὰρ ἔστι κακὸν
10   ἄνθρωπον καλοὺς καὶ ἀγαθοὺς φίλους ἔχειν.

ΚΡΙΤΟΒΟΥΛΟΣ.   Τί λέγεις; οὐκ ἔστιν ἀνάξιον ῥήτορα ἢ κλῶπα ἔχειν φίλους καλοῦ ὀνόματος καὶ τρόπων ἀγαθῶν;

ΣΩΚΡΑΤΗΣ.   Οὐκ ἔστι, φίλοι γὰρ τῇ ἀληθείᾳ ἐκεῖνοι οὐκ ἔσονται· ἀλλήλους μὲν οὐκ ὠφελήσουσιν, ἀλλήλοις δ᾽ οὐχ ἕξουσι χάριν.

15   ΚΡΙΤΟΒΟΥΛΟΣ.   Ἀλλ᾽ εἰ οὐκ ἔστι κακὸν ἄνθρωπον καλοὺς καὶ ἀγαθοὺς φίλους ἔχειν, ἴσως οὐκ ἔστιν αὐτὸν καλὸν καὶ ἀγαθὸν ἄνθρωπον τοῖς καλοῖς καὶ ἀγαθοῖς φίλον εἶναι. Τοῦτο γὰρ δῆλον· καὶ τοὺς ἀγαθοὺς φίλους φιλεῖ ὁ φθόνος ἀλλάττειν εἰς πολεμίους.

ΣΩΚΡΑΤΗΣ.   Φύσει οἱ ἄνθρωποι τὰ μὲν φιλικὰ ἔχουσι, τὰ δὲ πολεμικά.
20   διὰ τοῦτο φιλοῦσι κομίζεσθαι τὴν τῑμὴν ἢ ἐν ἀγῶσιν ἢ ἐν πολέμοις. ἀλλὰ καὶ διὰ τούτων τῶν κινδύνων οἱ ἀγαθοὶ εὑρήσουσιν ἀλλήλους καὶ ἀλλήλων χάριν ἐθελήσουσι φέρειν μακρὰς λύπας ἢ καὶ εἰς τὸν θάνατον πέμπεσθαι. σπεῦδε οὖν, ὦ Κριτόβουλε, ποιεῖν σὲ ἀγαθόν. σὺ γὰρ ἄξιος φίλος τότ᾽ ἔσῃ.

Vocabulary Help for the Reading - Lesson 16

ποῖον (line 1)   from ποῖος, -ᾱ, -ον (*direct interrog. adj.*): of what sort?

ποιεῖσθαι (line 1)   middle voice here has the sense of "to make for ourselves"

πῶς (line 2)   (*direct interrog. adv.*) how?

δοκιμάσομεν (line 2)   from δοκιμάζω, δοκιμάσω: test, evaluate

ἀνδριαντοποιούς (line 3)   from ἀνδριαντοποιός, -οῦ, ὁ: statue-maker, sculptor

ἀνδριᾶσιν (line 4)   from ἀνδριάς, -άντος, ὁ: image of a man, statue

ἀπάτη (line 6)   from ἀπάτη, -ης, ἡ: trickery, deceit

ὥσπερ (line 6)   (*adv.*) just as, exactly as (*supply the verb* διώκομεν)

ὄρνῑθας (line 7)   from ὄρνῑς, ὄρνῑθος, ὁ or ἡ: bird

βίᾳ (line 7)   from βίᾱ, -ᾱς, ἡ: force, violence

ἀρετῇ (line 7)   from ἀρετή, -ῆς, ἡ: virtue

αὐτούς (line 9)   here the word is being used as an intensive

τί (line 11)   what? (*neut. acc. sg. of interrog. pronoun* τίς, τί)

ἀλλήλους, ἀλλήλοις (line 14)   from ἀλλήλων, -οις/-αις, -ους/-ᾱς/-α (*reciprocal pron.*): one another

εἰ (line 15)   (*conj.*) if

ἴσως (line 16)   (*adv.*) perhaps

αὐτόν (line 16)   here the word is being used as an intensive

φθόνος (line 18)   from φθόνος, -ου, ὁ: envy

φύσει (line 19)   dat. of φύσις, -εως, ἡ (*vowel-stem third-decl. noun*): nature

φιλικά (line 19)   from φιλικός, -ή, -όν: having to do with friendship (*as a substantive*, "traits of friendship")

πολεμικά (line 19)   from πολεμικός, -ή, -όν: having to do with hostility (*as a substantive*, "traits of hostility")

Κριτόβουλε (line 23)   from Κριτόβουλος, -ου, ὁ: Critobulus

LESSON 17

Third Declension: Sigma Stems; Adjectives: Third Declension

Nothing But a Myth

(adapted from Plato's *Protagoras* 320b-322d)

Socrates has gone to hear the renowned sophist Protagoras, who claims to be able to make people good citizens. The style of Protagoras' speaking is impressive, but Socrates has doubts about its content. He points out that the Athenians allow any citizen to offer advice in the assembly; this suggests that no teaching is required to be a good citizen, and in fact that civic virtue cannot be taught at all.

ΣΩΚΡΑΤΗΣ. Ἐπειδὴ εἰς ταῦτα βλέπω, ὦ Πρωταγόρα, οὐ διδακτὸν ἡ
ἀρετὴ φαίνεται εἶναι. ἐπειδὴ δέ σου ἀκούω, πρὸς θεῶν, κάμπτομαι καὶ
οὐκέτι δήλη ἐστὶν ἡ ἀλήθεια. δηλώσεις ἡμῖν ὡς διδακτόν ἐστιν ἡ ἀρετή;

ΠΡΩΤΑΓΟΡΑΣ. Τοῦτ', ὦ Σώκρατες, δηλώσω μύθῳ. πάλαι γὰρ οἱ θεοὶ
5 ζῷα καὶ ἀνθρώπους ἐποίουν, καὶ Ἐπιμηθεὺς τὰς δυνάμεις ἔνεμεν. ἀλλ'
ἐπεὶ ὥρα πέμπειν ἀνθρώπους πρὸς τὸ φῶς, Προμηθεὺς τῷ ἀδελφῷ λέγει·
Τὰ μὲν ἄλλα ζῷα εὖ ἔχει, οἱ δ' ἄνθρωποι ἄοπλοι. ἔγωγ' αὐτοὺς ὠφελεῖν
σπεύδω. κλέψω οὖν σοφίαν καὶ πῦρ ἐκ τῶν οἰκιῶν Ἡφαίστου καὶ Ἀθηνᾶς,
καὶ ἀνθρώποις δώσω. τοῦ γὰρ Διὸς εἰς τὴν οἰκίαν τρέπεσθαι οὐκ ἔχω διὰ
10 τοὺς φύλακας τοὺς ἐπὶ τῶν τειχῶν. ἐγὼ μὲν τὸ ὄνομα κλωπὸς κομιοῦμαι
καὶ κακῶς ἕξω, ἄνθρωποι δ' εὖ ἕξουσιν.

ἄνθρωποι οὖν εὐδαίμονες ἦσαν, τὴν γὰρ ἔντεχνον σοφίαν εἶχον.
ἀλλὰ τὴν πολῑτικὴν σοφίαν οὐκ εἶχον, ταύτην γὰρ Ζεὺς ἔτι ἐφύλαττεν ἐν
τῇ οἰκίᾳ. ὁ δὲ Ζεύς, ἐπεὶ μακροῖς πολέμοις ἄνθρωποι ἀλλήλους λύουσιν,
15 Ἑρμῆν πέμπει πρὸς αὐτούς. ὁ δ' Ἑρμῆς τάδε λέγει· Ὑμῖν, ὦ ἄνθρωποι,
φέρω τὸ αἰδῶ καὶ τὴν δίκην. ταῦτα τὰ γέρᾱ νέμειν ἐπὶ πάντας ἀνθρώπους
Ζεὺς ἐμοὶ κελεύει, ἄνευ γὰρ τοῦ αἰδοῦς καὶ δίκης οὐκ ἔστιν ἀνθρώπους
τῑμᾶν ἀλλήλους καὶ εἰρήνην ἔχειν. ὑμεῖς οὖν πάντες τὴν πολῑτικὴν
ἀρετὴν ἕξετε. ἀλλ' εἰ ἄνθρωπος ἀδίκους τρόπους ἔχει καὶ τὰ ἀληθῆ οὐ
20 λέγει, τοῦτον πέμπε εἰς τὸν θάνατον. βίου γὰρ ἀνάξιός ἐστιν.

Protagoras goes on to claim that because we punish those who are shameless and unjust, we must think that correcting or re-educating them is possible; thus we must also think that civic virtue is teachable. Socrates is still not convinced.

Vocabulary Help for the Reading - Lesson 17

Πρωταγόρᾱ (line 1)   from Πρωταγόρᾱς, -ου, ὁ: Protagoras

διδακτόν (line 1)   from διδακτός, -ή, -όν: teachable (*verbal adj. from* διδάσκω, διδάξω "teach"); here a neuter substantive ("a teachable thing")

ἀρετή (line 2)   from ἀρετή, -ῆς, ἡ: virtue, excellence

φαίνεται (line 2)   from φαίνω, φανῶ: make appear; (*mid.*) appear

κάμπτομαι (line 2)   from κάμπτω, κάμψω: bend, turn; (*mid.*) give way, waver

ὡς (line 3)   (*rel. adv.*) in what way, how

μύθῳ (line 4)   from μῦθος, -ου, ὁ: myth

πάλαι (line 4)   (*adv.*) long ago

ζῷα (line 5)   from ζῷον, -ου, τό: animal

Ἐπιμηθεύς (line 5)   nom. sg. of Ἐπιμηθεύς, -έως, ὁ (*vowel-stem third-decl. noun*): Epimetheus ("Afterthought"), a Greek god, cousin of Zeus

δυνάμεις (line 5)   acc. pl. of δύναμις, -εως, ἡ (*vowel-stem third-decl. noun*): power

ἔνεμεν (line 5)   from νέμω, νεμῶ: distribute

φῶς (line 6)   from φῶς, φωτός, τό: light

Προμηθεύς (line 6)   nom. sg. of Προμηθεύς, -έως, ὁ (*vowel-stem third-decl. noun*): Prometheus ("Forethought"), Epimetheus' older brother

ἄλλα (line 7)   from ἄλλος, -η, -ο: other

ἄοπλοι (line 7)   from ἄοπλος, -ον: unarmed, defenseless

πῦρ (line 8)   from πῦρ, πυρός, τό: fire

Ἡφαίστου (line 8)   from Ἥφαιστος, -ου, ὁ: Hephaestus, god of metal-working

Ἀθηνᾶς (line 8)   from Ἀθηνᾶ, -ᾶς, ἡ: Athena, goddess of handicrafts

δώσω (line 9)   from δίδωμι, δώσω: give

Διός (line 9)   from Ζεύς, Διός, ὁ: Zeus, king of the gods

ἔντεχνον (line 12)   from ἔντεχνος, -ον: involving a craft, artistic, mechanical

πολῑτικήν (line 13)   from πολῑτικός, -ή, -όν: involving a citizen, civic, political

ἀλλήλους (line 14)   from ἀλλήλων, -οις/-αις, -ους/-ᾱς/-α: one another

Ἑρμῆν (line 15)   from Ἑρμῆς, -οῦ, ὁ: Hermes, messenger-god

δίκην (line 16)   from δίκη, -ης, ἡ: justice

πάντας (line 16)   masc. acc. pl. of πᾶς, πᾶσα, πᾶν (*mixed-decl. adj.*): all

ἄνευ (line 17)   (*prep. + gen.*) without

πάντες (line 18)   masc. nom. pl. of πᾶς, πᾶσα, πᾶν (*mixed-decl. adj.*): all

εἰ (line 19)   (*conj.*) if

ἀδίκους (line 19)   from ἄδικος, -ον: unjust

LESSON 18

Ω-Verbs: First Aorist Active and Middle Indicative, First Aorist Active and Middle Infinitives, First Aorist Active and Middle Imperative

Higher Education with a Comic Twist
(adapted from Aristophanes' *Clouds* 575-646)

Strepsiades has gone to the Thinkery to learn from Socrates how to become a clever speaker and talk his way out of paying his son's debts. While Socrates is giving him lessons offstage, the chorus of Clouds speaks with the audience.

ΧΟΡΟΣ. Ὦ σοφοὶ θεᾱταί, ἐπεὶ Κλέωνα, τὸν τοῖς θεοῖς ἐχθρὸν βυρσοδέψην, στρατηγὸν ἐμέλλετε ποιήσειν, τὸν κίνδῡνον ὑμῖν ἐδηλώσαμεν διὰ βροντῆς καὶ ἀστραπῆς, καὶ ἡ Σελήνη διὰ τὸν φόβον ἐτρέψατο ἐκ τῆς ὁδοῦ. ἀλλ' ἡμῶν τῶν ἀληθῶν ἀγγέλων οὐκ ἠκούσατε·
5 ἐκεῖνον τὸν κλῶπα στρατηγὸν ἐποιήσατε. αἴτιοι μὲν ταύτης τῆς ἁμαρτίᾱς τότ' ἦτε, φίλοι δὲ τοῖς θεοῖς ἔτι καὶ νῦν ἐστε. Κλέωνι οὖν πέμψουσιν οἱ θεοὶ κακὴν μοῖραν, ἀλλ' ὑμῖν πολλὰς χαρᾱς.

ἡ Σελήνη ἡμᾶς ἠρώτησεν ἀγγεῖλαι τάδ' ὑμῖν· Χαίρετε, ὦ Ἀθηναῖοι. ὑμᾶς μὲν ὠφελῶ, ἐμοὶ δὲ χάριν οὐκ ἔχετε. ἐπεὶ τὸ φῶς μου
10 καλόν ἐστιν, οὐκ ἀνάγκη ὑμᾶς δᾷδας πρίασθαι καὶ τοὺς οἰκέτᾱς ὑμᾶς κομίσαι διὰ τῶν ὁδῶν. τοῦτο δὲ τὸ ἀγαθὸν ἔργον μου τὰς δραχμὰς τοῖς θησαυροῖς ὑμῶν προσποιεῖ, δᾴδων γὰρ ἡ τῑμὴ οὐκ ὀλίγη ἐστίν. ἐπειδὴ ἐγὼ ὑμῶν χάριν τοῦτο καὶ πόλλ' ἄλλα πρᾱττω, οὐ μόνον φιλήσατε ἐμέ, ἀλλὰ καὶ τῑμήσατε.

Socrates and Strepsiades return; the first sentence is an aside to the audience.

15 ΣΩΚΡΑΤΗΣ. Οὐκ ἔβλεψα μαθητὴν οὕτως ἄγροικον. οὗτος, ἄκουσόν μου· σπεύδεις παιδεύεσθαι περὶ μέτρων ἢ περὶ ῥυθμῶν;

ΣΤΡΕΨΙΑΔΗΣ. Περὶ τῶν μέτρων· ἐν γὰρ ἀγορᾷ πολλοὺς ὀβολοὺς ἀπ' ἐμοῦ ἔκλεψεν ὁ ἀλφιταμοιβὸς μέτροις οὐκ ἀληθέσιν.

ΣΩΚΡΑΤΗΣ. Οὐ τοῦτό σε ἐρωτῶ, ἀλλὰ τόδε· σπεύδεις τὸ τρίμετρον ἢ
20 τὸ τετράμετρον ἔχειν;

ΣΤΡΕΨΙΑΔΗΣ. Σπεύδω οὐ μόνον τρία ἀλλὰ καὶ τέτταρα μέτρα ἔχειν εἰ αὐτὰ ἐθέλεις δραχμῆς πωλεῖν.

ΣΩΚΡΑΤΗΣ. Οὐδὲν λέγεις, ὦ ἄνθρωπε. εἰς κόρακας. ἀνάξιος μαθητὴς εἶ.

Vocabulary Help for the Reading - Lesson 18

θεαταί (line 1)   from θεᾱτής, -οῦ, ὁ: spectator

Κλέωνα (line 1)   from Κλέων, -ωνος, ὁ: Cleon, Athenian leader often ridiculed by
    Aristophanes

βυρσοδέψην (line 2)   from βυρσοδέψης, -ου, ὁ: tanner

στρατηγόν (line 2)   from στρατηγός, -οῦ, ὁ: general

βροντῆς (line 3)   from βροντή, -ῆς, ἡ: thunder

ἀστραπῆς (line 3)   from ἀστραπή, -ῆς, ἡ: flash of lightning

Σελήνη (line 3)   from σελήνη, -ης, ἡ: moon (*here personified as Selene*)

ἐτρέψατο ἐκ τῆς ὁδοῦ (line 4)   poetic way to describe a lunar eclipse

αἴτιοι (line 5)   from αἴτιος, -ᾱ, -ον (+ *gen.*): guilty (of), responsible (for)

ἁμαρτίᾱς (line 5)   from ἁμαρτίᾱ, -ᾱς, ἡ: mistake, error

Ἀθηναῖοι (line 9)   from Ἀθηναῖοι, -ων, οἱ: Athenians

φῶς (line 9)   from φῶς, φωτός, τό: light

ἀνάγκη (line 10)   from ἀνάγκη, -ης, ἡ (+ *acc., infin., and implied* ἐστί): (there is)
    a necessity (for...to...), (it is) necessary (for...to...)

δᾷδας (line 10)   from δᾴς, δᾳδός, ἡ: torch

πρίασθαι (line 10)   to buy (*second aor. infin. of* ὠνέομαι, ὠνήσομαι, ἐπριάμην;
    middle in form, active in meaning)

οὐκ ἔβλεψα (line 15)   Greek uses aorist here to show non-occurrence of the
    action; English prefers the perfect tense: "I have not (ever) seen..."

οὕτως (line 15)   (*adv.*) so

ἄγροικον (line 15)   from ἄγροικος, -ον: rustic, boorish, unsophisticated

μέτρων (line 16)   from μέτρον, -ου, τό: measure (*a unit within a verse of poetry*),
    measure (*a quantity of food or drink*)

ῥυθμῶν (line 16)   from ῥυθμός, -οῦ, ὁ: rhythm

ἀλφιταμοιβός (line 18)   from ἀλφιταμοιβός, -οῦ, ὁ: barley-dealer, grain-seller

τρίμετρον (line 19)   trimeter (*a verse of poetry divided into three measures*)

τετράμετρον (line 20)   tetrameter (*a verse of poetry divided into four measures*)

τρία (line 21)   neut. acc. pl. of τρεῖς, τρία: three

τέτταρα (line 21)   neut. acc. pl. of τέτταρες, τέτταρα: four

οὐδέν (line 23)   nothing (*neut. acc. sg. of mixed-decl. adj.* οὐδείς, οὐδεμία, οὐδέν
    "not any," *used substantively*); οὐδὲν λέγεις = "you are making no sense"

κόρακας (line 23)   from κόραξ, -ακος, ὁ: crow; εἰς κόρακας is a curse with an
    implied verb: "[may your corpse be thrown] to the crows"

LESSON 19

Ω-Verbs: Second Aorist Active and Middle Indicative, Second Aorist Active and Middle Infinitives, First Aorist Active and Middle Imperative; Reflexive Pronouns

The Incredible Journey

(adapted from Lucian's *True History* 2.32-36, 47)

Lucian is telling the "true history" of his voyage across the ocean—though he has admitted from the start that the whole story is a lie! He and his crew have just visited the Isle of the Blessed, where heroes reside after their death. As Lucian is departing, Odysseus hands him a letter (without letting his wife Penelope see) and asks him to deliver it to the nymph Calypso on the island of Ogygia.

Καὶ μετ᾽ ὀλίγον κατελάβομεν τὴν τῶν ὀνείρων νῆσον. πολλὰς μὲν οὖν ἡμέρας μεθ᾽ αὐτῶν ἐμένομεν καὶ εὖ καθηύδομεν. ἀλλ᾽ ἐπεὶ βροντῆς ἠκούσαμεν, ἐφύγομεν καὶ προσέσχομεν Ὠγυγίᾳ τῇ νήσῳ. ἐγὼ δὲ Καλυψοῖ ἐκόμιζον τὴν ἐπιστολὴν τὴν πρὸς τοῦ Ὀδυσσέως. ἡ δ᾽ ἐπιστολὴ
5 ἦν τοιάδε· Χαῖρε, Καλυψώ. ἐμέ γε μόνον διὰ πολλῶν κινδύνων πάλιν εἰς τὴν χώραν μου ἤνεγκον οἱ θεοί. νῦν δ᾽ ἐν τῇ Μακάρων νήσῳ μένω. ἀλλ᾽ ἔχω λύπην μακράν, τοῦδε γὰρ αἴτιός εἰμι· πάλαι οὐκ ἠθέλησα σὺν σοὶ μεῖναι. ἀπέλιπον οὖν οὐ μόνον σὲ αὐτὴν ἀλλὰ καὶ εὐδαίμονα βίον, ἐμὲ γὰρ ἀθάνατον ποιήσειν ἔμελλες. ἐπεὶ ἔσται καιρός, τὴν ἐμαυτοῦ οἰκίαν
10 ἀπολείψω καὶ πάλιν τρέψομαι πρὸς σέ. Λουκιανὸν τὸν ἄγγελον εὖ λαβὲ εἰς τὴν σαυτῆς οἰκίαν.

ταῦτα μὲν ἐδήλου ἡ ἐπιστολή. ἐγὼ δ᾽ ὀλίγον ἀπὸ τῆς θαλάττης εὗρον τὸ τῆς Καλυψοῦς σπήλαιον καὶ αὐτήν. ἐπεὶ τὴν ἐπιστολὴν τὴν πρὸς τοῦ ἀνθρώπου τοῦ ἑαυτῇ φίλου ἔλαβε, πρῶτα μὲν πολὺ ἐδάκρυεν,
15 ἔπειτα δ᾽ ἡμᾶς ἐπὶ δεῖπνον ἐκάλει. καὶ περὶ τοῦ Ὀδυσσέως πόλλ᾽ ἠρώτα καὶ περὶ τῆς Πηνελόπης.

After leaving Calypso, Lucian and his crew have many other fantastic adventures, culminating in a shipwreck on the other side of the world.

καὶ ἐπεὶ τὴν ἑτέρᾱν γῆν ἐβλέψαμεν τὴν ἐναντίᾱν τῇ ἡμῶν αὐτῶν, σὺν πολλῇ χαρᾷ ἐθύσαμεν τοῖς θεοῖς. ἀλλὰ χειμὼν ἡμᾶς ἥρπασε καὶ τὸ σκάφος ἔλῡσεν. ἡμεῖς δὲ θάνατον μόλις ἐφύγομεν.
20 ταῦτα μὲν οὖν τὰ ἐν τῇ θαλάττῃ καὶ τὰ ἐν ταῖς νήσοις ἦν, τὰ δ᾽ ἐπὶ τῆς γῆς νῦν ἐρῶ.

μετ' ὀλίγον (line 1)   = μετ' ὀλίγον χρόνον

κατελάβομεν (line 1)   from κατα- + λαμβάνω: seize upon, arrive at

ὀνείρων (line 1)   from ὄνειρος, -ου, ὁ: dream

νῆσον (line 1)   from νῆσος, -ου, ἡ: island

ἡμέρᾱς (line 2)   accusative of extent of time

καθηύδομεν (line 2)   from καθεύδω, καθευδήσω, —: sleep

βροντῆς (line 3)   from βροντή, -ῆς, ἡ: thunder

προσέσχομεν (line 3)   from προσ- + ἔχομεν (+ *dat.*): put in (at), land (on)

Ὠγυγίᾳ (line 3)   from Ὠγυγίᾱ, -ᾱς, ἡ: Ogygia, Calypso's island

Καλυψοῖ (line 4)   dat. sg. of Καλυψώ, -οῦς, ἡ: Calypso, an alluring female
        divinity; during his trip home to Ithaca after the Trojan War, Odysseus was
        marooned for seven years on her island

Ὀδυσσέως (line 4)   gen. sg. of Ὀδυσσεύς, -έως, ὁ: Odysseus, the wily hero of
        Homer's *Odyssey*

τοιᾱ́δε (line 5)   from τοιόσδε, τοιᾱ́δε, τοιόνδε: of such a sort

Μακάρων (line 6)   masc. gen. pl. of μάκαρ, μάκαιρα (*mixed-decl. adj., here used
        substantively*): blessed

πάλαι (line 7)   (*adv.*) long ago

καιρός (line 9)   from καιρός, -οῦ, ὁ: opportunity, suitable moment

Λουκιανόν (line 10)   from Λουκιανός, -οῦ, ὁ: Lucian, author of this fictitious
        autobiography

σπήλαιον (line 13)   from σπήλαιον, -ου, τό: cave

πρῶτα (line 14)   (*adv.*) first

ἐδάκρῡεν (line 14)   from δακρύω, δακρύσω, ἐδάκρῡσα: weep

ἔπειτα (line 15)   (*adv.*) after that, next

δεῖπνον (line 15)   from δεῖπνον, -ου, τό: dinner

ἐκάλει (line 15)   from καλέω, καλῶ, ἐκάλεσα: call, invite

Πηνελόπης (line 16)   from Πηνελόπη, -ης, ἡ: Penelope, Odysseus' wife

ἑτέρᾱν (line 17)   from ἕτερος, -ᾱ, -ον: the other (*of two*)

γῆν (line 17)   from γῆ, γῆς, ἡ: earth, continent

ἐναντίᾱν (line 17)   from ἐναντίος, -ᾱ, -ον (+ *dat.*): opposite (to)

χειμών (line 18)   from χειμών, -ῶνος, ὁ: storm

σκάφος (line 19)   from σκάφος, -ους, τό: hull, ship

μόλις (line 19)   (*adv.*) hardly, scarcely

LESSON 20

Ω-Verbs: Perfect Active Indicative, Perfect Active Infinitive, Pluperfect Active
Indicative

Musing with the Cicadas
(adapted from Plato's *Phaedrus* 242a-b, 258e-260a)

*Socrates has just made an impromptu speech on the disadvantages of having a lover
as a friend. Phaedrus begs Socrates to stay and complete the argument by giving a
speech on the advantages of having a non-lover as a friend.*

ΦΑΙΔΡΟΣ.　Μήπω γε τρέπου ὑπὲρ τὸν ποταμόν, ὦ Σώκρατες, ἀλλὰ μένε
ὑπὸ τῷ δένδρῳ καὶ περὶ τῶν προτέρων λόγων ἅμα διαλεξόμεθα.

ΣΩΚΡΑΤΗΣ.　Λόγους τῇ ἀληθείᾳ φιλεῖς, ὦ Φαῖδρε, καὶ πολλοὺς διὰ
τοῦ σαυτοῦ βίου πεποίηκας. ἐκείνους τοὺς λόγους ἢ σὺ αὐτὸς εἴρηκας
5　ἢ ἄλλους ἀνθρώπους λέγειν ἠνάγκακας. καὶ ἐμὲ αὖ λέγειν ἀναγκάζεις.

*Socrates agrees to stay, but, fearing that he has insulted the god Eros, he recants his
earlier words and delivers a long, colorful speech on the blessings of love. He and
Phaedrus then discuss the pleasures that come from listening to a fine speaker.*

ΦΑΙΔΡΟΣ.　Τῶνδε μὲν τῶν ἡδονῶν χάριν ζῶμεν, αἱ δὲ περὶ τὸ σῶμα
λύπᾱς φέρουσιν. ταύτᾱς γε τὰς ἡδονὰς ἀνδραποδώδεις εὖ κεκλήκᾱσιν
οἱ φιλόσοφοι.

ΣΩΚΡΑΤΗΣ.　Ὑπὲρ ἡμῶν ᾄδουσιν οἱ τέττῑγες καὶ ἀλλήλοις λέγουσι
10　καὶ καταβλέπουσιν εἰς ἡμᾶς. εἰ δ᾽ εὖ εἰρήκαμεν, ἴσως παρ᾽ αὐτῶν γέρας
κομιούμεθα. οἱ γὰρ τέττῑγες πάλαι ἦσαν ἄνθρωποι, ἀλλ᾽ ἐπεὶ τῶν Μουσῶν
ἠκηκόεσαν, πολλὴ ἡδονὴ αὐτοὺς ἔπληξεν. διὰ τοῦτ᾽ οὐκέτι ἔφιλουν
ἐσθίειν ἢ πίνειν, ἀλλὰ μόνον ἀκούειν. νῦν τέττῑγές εἰσι καὶ ᾄδουσι διὰ
τοῦ ἑαυτῶν βίου. εἰ δ᾽ ἄνθρωπος τὰς Μούσᾱς πολὺ τῑμᾷ, τὸ ἐκείνου
15　ὄνομα ταύταις ἀγγέλλουσι καὶ αὐτῷ αἱ Μοῦσαι γέρας πέμπουσιν. καὶ
φίλτατοι τῇ Καλλιόπῃ καὶ τῇ Οὐρανίᾳ εἰσὶν οἱ φιλόσοφοι, σοφίᾱν γὰρ
περὶ τῶν ἐν τῷ οὐρανῷ καὶ τῶν ἐπὶ τῆς γῆς ζητοῦσιν.

ΦΑΙΔΡΟΣ.　Ἀλλ᾽ ἀκήκοα, ὦ φίλε Σώκρατες, τήνδε τὴν δόξαν· οὐκ
ἀνάγκη τῷ ῥήτορι τὴν ἀλήθειαν λέγειν, οὐ γὰρ τῇ ἀληθεῖ σοφίᾳ πείθει
20　ἡμᾶς, ἀλλὰ τοῖς καλοῖς λόγοις.

ΣΩΚΡΑΤΗΣ.　Εἰ τοῦτ᾽ εἰρήκᾱσι σοφοί, ἀνάγκη ἡμῖν ζητεῖν αὐτό.

*After further investigation Socrates and Phaedrus agree that true oratory must be
based on real understanding, not on the deceptively charming sound of the words.*

Vocabulary Help for the Reading - Lesson 20

μήπω (line 1)   (*adv.*) not yet

λόγων (line 2)   here and in lines 3-4 translate λόγοι as "speeches"

ἅμα (line 2)   (*adv.*) together, jointly

διαλεξόμεθα (line 2)   from δια- + λέγω (*mid.*): have a dialogue, converse

ἄλλους (line 5)   from ἄλλος, -η, -ο: other

ἠνάγκακας (line 5)   from ἀναγκάζω, ἀναγκάσω, ἠνάγκασα, ἠνάγκακα: force

αὖ (line 5)   (*adv.*) again

ἡδονῶν (line 6)   from ἡδονή, -ῆς, ἡ: delight, pleasure

ζῶμεν (line 6)   from ζάω, ζήσω, —, —: live

σῶμα (line 6)   from σῶμα, -ατος, τό: body

ἀνδραποδώδεις (line 7)   from ἀνδραποδώδης, -ες: servile

κεκλήκᾱσιν (line 7)   from καλέω, καλῶ, ἐκάλεσα, κέκληκα: call

ᾄδουσιν (line 9)   from ᾄδω, ᾄσομαι, ᾖσα, —: sing

τέττῑγες (line 9)   from τέττιξ, -ῑγος, ὁ: cicada, grasshopper

ἀλλήλοις (line 9)   from ἀλλήλων, -οις/-αις, -ους/-ᾱς/-α: one another

καταβλέπουσιν (line 10)   from κατα- + βλέπω

εἰ (line 10)   (*conj.*) if

ἴσως (line 10)   (*adv.*) perhaps

πάλαι (line 11)   (*adv.*) long ago

Μουσῶν (line 11)   from Μοῦσα, -ης, ἡ: a Muse, one of the nine goddesses who
     provide inspiration for the liberal arts, particularly music and poetry

ἐσθίειν (line 13)   from ἐσθίω, ἔδομαι, ἔφαγον, ἐδήδοκα: eat

πίνειν (line 13)   from πίνω, πίομαι, ἔπιον, πέπωκα: drink

φίλτατοι (line 16)   most dear (*superlative degree of* φίλος, -η, -ον)

Καλλιόπη (line 16)   from Καλλιόπη, -ης, ἡ: Calliope, oldest of the Muses; the
     literal meaning of her name ("beautiful-voiced") suggests the beauty of
     philosophical thought

Οὐρανίᾳ (line 16)   from Οὐρανίᾱ, -ᾱς, ἡ: Urania, second oldest of the Muses; her
     name suggests the heavenly reach of philosophical thought

δόξαν (line 18)   from δόξα, -ης, ἡ: opinion, belief

ἀνάγκη (line 19)   from ἀνάγκη, -ης, ἡ (+ *dat., infin., and implied* ἐστί): (there is)
     a necessity (for...to...), (it is) necessary (for...to...)

LESSON 21

Interrogative τίς and Indefinite τις

Divining Socrates' Future

(adapted from Plato's *Euthyphro* 2a-3c)

Euthyphro, a self-assured seer and prophet, is surprised to see his friend Socrates arriving at a court-house in the Athenian agora. He asks him what is going on.

ΕΥΘΥΦΡΩΝ.   Τί σύ, ὦ Σώκρατες, τὰς ἐν Λυκείῳ λέλοιπας διατριβὰς καὶ ἐνθάδε νῦν διατρίβεις περὶ τὴν τοῦ βασιλέως στοάν; οὐ γάρ ἐστι καὶ σοί γε δίκη τις ὥσπερ ἐμοί.

ΣΩΚΡΑΤΗΣ.   Οὔτοι δὴ οἱ Ἀθηναῖοί γ', ὦ Εὐθύφρων, δίκην αὐτὴν
5   καλοῦσιν, ἀλλὰ γραφήν.

ΕΥΘΥΦΡΩΝ.   Τί λέγεις; γραφὴν σέ τις γράφεται;

ΣΩΚΡΑΤΗΣ.   Πάνυ γε.

ΕΥΘΥΦΡΩΝ.   Τίς οὗτος;

ΣΩΚΡΑΤΗΣ.   Οὐδ' αὐτὸς γιγνώσκω, ὦ Εὐθύφρων, τὸν ἄνθρωπον, νέος
10   γὰρ τίς μοι φαίνεται καὶ ἀγνώς. ἀλλ' αὐτῷ τὸ ὄνομά ἐστι Μέλητος.

ΕΥΘΥΦΡΩΝ.   Οὐ γιγνώσκω, ὦ Σώκρατες· ἀλλὰ τίνα γραφήν σε γράφεται;

ΣΩΚΡΑΤΗΣ.   Τίνα γραφήν; οὐκ ἀγεννῆ, ἔμοιγε δοκεῖ. κατὰ Μέλητον διαφθείρω τοὺς νέους. ἀλλ' ἐκεῖνος σοφός τις ἴσως ἐστὶ καὶ ἐπειδὴ τὴν
15   ἐμὴν ἀμαθίᾱν βλέπει, τὴν πόλιν ὠφελεῖν σπεύδει.

ΕΥΘΥΦΡΩΝ.   Τὸ ἐναντίον πράττει, εἰ γὰρ σὲ ἀποκτενεῖ, τὴν ἡμετέρᾱν πόλιν πολὺ βλάψει. καί μοι λέγε, τίνι τρόπῳ διαφθείρεις τοὺς νέους;

ΣΩΚΡΑΤΗΣ.   Καινοὺς μὲν θεοὺς κατὰ Μέλητον πεποίηκα, τοὺς δ' ἀρχαίους οὐ νομίζω. τούτων αὐτῶν χάριν ἐκεῖνος γράφεται.

20   ΕΥΘΥΦΡΩΝ.   Μανθάνω, ὦ Σώκρατες, πολλάκις γὰρ περὶ τοῦ σοῦ δαίμονος λέγεις. διὰ τοῦτο Μέλητος γράφεται. ἐπ' ἔμοιγε καὶ αὐτῷ, ἐπεὶ περὶ τῶν θείων λέγω, οἱ πολλοὶ φιλοῦσι γελᾶν.

Vocabulary Help for the Reading - Lesson 21

Λυκείῳ (line 1)   from Λύκειον, -ου, τό: Lyceum, a park just outside Athens

διατριβάς (line 1)   from διατριβή, -ῆς, ἡ: pastime, customary haunt

ἐνθάδε (line 2)   (*adv.*) in this place, here

διατρίβεις (line 2)   from διατρίβω, -τρίψω, -έτρῑψα, -τέτριφα: pass time

βασιλέως (line 2)   gen. sg. of βασιλεύς, -έως, ὁ (*vowel-stem third-decl. noun*):
      king (*here = king archon, magistrate who presided over cases of impiety*)

στοάν (line 2)   from στοά, -ᾶς, ἡ: stoa, building with a roofed colonnade (*in
      Athens the stoa of the king archon was used as a court-house*)

δίκη (line 3)   from δίκη, -ης, ἡ: lawsuit (*private legal action*)

ὥσπερ (line 3)   (*adv.*) just as

οὔτοι δή (line 4)   (*neg. adv. + ironic particle*) indeed not (*Socrates' reply is
      wittily indirect: skirting the issue, he corrects Euthyphro's word choice
      instead*)

Ἀθηναῖοι (line 4)   from Ἀθηναῖοι, -ων, οἱ: Athenians

Εὐθύφρων (line 4)   from Εὐθύφρων, -ονος, ὁ: Euthyphro

καλοῦσιν (line 5)   from καλέω, καλῶ, ἐκάλεσα, κέληκα, κέκλημαι: call

γραφήν (line 5)   from γραφή, -ῆς, ἡ: lawsuit (*public prosecution*), indictment

γράφεται (line 6)   has two dir. objs., the indictment and the man being indicted

πάνυ (line 7)   (*adv.*) entirely (πάνυ γε = "yes, by all means")

οὐδ' (line 9)   (*adv.*) not even (οὐδ' = *elided form of* οὐδέ)

γιγνώσκω (line 9)   from γιγνώσκω, γνώσομαι, ἔγνων, ἔγνωκα: recognize, know

νέος (line 9)   from νέος, -ᾱ, -ον: young

φαίνεται (line 10)   from φαίνω, φανῶ, ἔφηνα, πέφηνα: make appear; (*mid.*)
      appear (*supply* "to be")

ἀγνώς (line 10)   from ἀγνώς, -ῶτος, ὁ or ἡ: unknown person

Μέλητος (line 10)   from Μέλητος, -ου, ὁ: Meletus

ἀγεννῆ (line 13)   from ἀγεννής, -ές: ignoble, low-class

δοκεῖ (line 13)   it seems (*from* δοκέω, δόξω, ἔδοξα, —, *used impersonally*)

διαφθείρω (line 14)   from διαφθείρω, -φθερῶ, -έφθειρα, -έφθορα: corrupt

ἴσως (line 14)   (*adv.*) perhaps

ἀμαθίᾱν (line 15)   from ἀμαθίᾱ, -ᾱς, ἡ: ignorance

πόλιν (line 15)   acc. sg. of πόλις, -εως, ἡ (*vowel-stem third-decl. noun*): city

ἐναντίον (line 16)   from ἐναντίος, -ᾱ, -ον: opposite

καινούς (line 18)   from καινός, -ή, -όν: new

ἀρχαίους (line 19)   from ἀρχαῖος, -ᾱ, -ον: old, ancient

νομίζω (line 19)   from νομίζω, νομιῶ, ἐνόμισα, νενόμικα: believe in

μανθάνω (line 20)   from μανθάνω, μαθήσομαι, ἔμαθον, μεμάθηκα: understand

πολλάκις (line 20)   (*adv.*) often

θείων (line 22)   from θεῖος, -ᾱ, -ον: having to do with gods, divine; (*as a substan-
      tive*) matters of religion

LESSON 22

Ω-Verbs: Perfect Middle/Passive Indicative, Perfect Middle/Passive Infinitive,
Pluperfect Middle/Passive Indicative

A Happy Exchange

(adapted from Xenophon's *Cyropaedia* 8.3.35-50)

*The Cyropaedia is a romanticized biography of the 6th-century BCE Persian king
Cyrus. This passage illustrates the magnanimity of Pheraulas, a Persian soldier
from a humble background, whom Cyrus has rewarded with great riches. Pheraulas
invites a Scythian soldier to have dinner with him in his tent.*

Καὶ ὁ Σάκᾱς, ἐπεὶ ἔβλεψε κατασκευὴν μὲν πολλήν τε καὶ
καλήν, οἰκέτᾱς δὲ πολλούς, ἠρώτησεν· Εἰπέ μοι, ὦ Φεραύλᾱ, καὶ οἴκοι
τῶν πλουσίων ἦσθα; καὶ ὁ Φεραύλᾱς εἶπεν· Οὐ τῶν πλουσίων ἀλλὰ τῶν
ἀποχειροβιώτων. ἐμὲ γὰρ ὁ πατὴρ μόλις αὐτὸς ἐργαζόμενος ἐπαιδεύετο·
5 ἐπεὶ δὲ νεᾱνίᾱς ἐγενόμην, εἰς τὴν χώρᾱν ἤγαγε καὶ ἐκέλευσεν ἐργάζεσθαι.
οἴκοι μὲν οὖν ἔγωγ' οὕτως ἔζων· νῦν δὲ ταῦτα πάντα παρὰ Κύρου
κέκτημαι.

καὶ ὁ Σάκᾱς εἶπεν· Ὦ μακάριε σὺ τά τ' ἄλλα καὶ αὐτὸ τοῦθ'
ὅτι ἐκ πένητος πλούσιος γεγένησαι· νῦν γὰρ ζῇς πολὺ ἥδῑον. καὶ ὁ
10 Φεραύλᾱς εἶπεν· Οὔτ' ἐσθίω οὔτε πίνω οὔτε καθεύδω ἥδῑον, ὦ Σάκᾱ. νῦν
γὰρ παρ' ἐμοῦ πολλοὶ μὲν οἰκέται σῖτον ζητοῦσι, πολλοὶ δ' ἱμάτια. τινὲς
δὲ ζητοῦσιν ἰᾱτρούς· Τὸ πρόβατόν μου ἀγρίῳ ζῴῳ βέβλαπται. Ὁ βοῦς
μου κατὰ κρημνοῦ ἔρρῑφεν ἑαυτόν. καὶ ἀνάγκη ἐστίν, ὦ Σάκᾱ, εἰ πόλλ'
ἔχεις, πολλὰ δαπανᾶν καὶ εἰς θεοὺς καὶ εἰς φίλους καὶ εἰς ξένους.

15 Ἀλλ' εὐδαιμονίᾱν τοῦτο νομίζω, εἶπεν ὁ Σάκᾱς. Τί οὖν,
πρὸς τῶν θεῶν, εἶπεν ὁ Φεραύλᾱς, οὐ σύ γ' εὐδαίμων γενήσῃ καὶ ἐμὲ
εὐδαίμονα ποιήσεις; λαβὲ γὰρ ταῦτα πάντα καὶ κέκτησο· ἐμὲ δὲ μηδὲν
ἄλλο ἢ ὥσπερ ξένον τρέφε. καὶ οὗτοι τὸν βίον οὕτως ἦγον. καὶ ὁ μὲν
ἐνόμιζεν εὐδαίμων γεγενῆσθαι, πολλὰ γὰρ εἶχε χρήματα· ὁ δ' ἐνόμιζε
20 μακάριος εἶναι, πολλὴν γὰρ εἶχεν ἡσυχίᾱν.

Vocabulary Help for the Reading - Lesson 22

Σάκᾱς (line 1)   from Σάκᾱς, -ου ὁ: a Sacian, from the Saca tribe in Scythia

κατασκευήν (line 1)   from κατασκευή, -ῆς, ἡ: furniture

Φεραύλᾱς (line 2)   from Φεραύλᾱς, -ου, ὁ: Pheraulas

οἴκοι (line 2)   (adv.) at home

πλουσίων (line 3)   from πλούσιος, -ᾱ, -ον: wealthy (πλουσίων "of rich parents")

ἀποχειροβιώτων (line 4)   from ἀποχειροβίωτος, -ον: earning a living by manual
        labor

πατήρ (line 4)   from πατήρ, -τρός, ὁ (syncopated third-decl. noun): father

μόλις (line 4)   (adv.) with difficulty

ἐργαζόμενος (line 4)   laboring at it (masc. nom. sg. of pres. participle of
        ἐργάζομαι, ἐργάσομαι, εἰργασάμην, —, εἴργασμαι "labor"; mid. in form,
        act. in sense)

ἐγενόμην (line 5)   from γίγνομαι, γενήσομαι, ἐγενόμην, etc.: become

οὕτως (line 6)   (adv.) so, thus, (i.e., in the way just described)

ἔζων (line 6)   from ζάω, ζήσω, —, —, — (contracts to η instead of ᾱ): live

πάντα (line 6)   all (neut. acc. pl. of mixed-decl. adj. πᾶς, πᾶσα, πᾶν)

κέκτημαι (line 7)   from κτάομαι, κτήσομαι, ἐκτησάμην, —, κέκτημαι: get, ac-
        quire; (perf./pluperf.) possess

μακάριε (line 8)   from μακάριος, -ᾱ, -ον: blessed

τά τ' ἄλλα καί...τοῦθ' (line 8)   acc. of respect ("blessed in respect to...")

ὅτι (line 9)   (conj.) the fact that, because (begins a clause in apposition to τοῦθ')

πένητος (line 9)   from πένης, -ητος, ὁ: day-laborer, poor man

ἥδῑον (line 9)   (compar. adv.) more sweetly, more pleasantly

ἐσθίω (line 10)   from ἐσθίω, ἔδομαι, ἔφαγον, ἐδήδοκα, ἐδήδεσμαι: eat

πῑνω (line 10)   from πῑνω, πίομαι, ἔπιον, πέπωκα, πέπομαι: drink

καθεύδω (line 10)   from καθεύδω, καθευδήσω, —, —, —: sleep

σῖτον (line 11)   from σῖτος, -ου, ὁ: grain, food

ἰᾱτρούς (line 12)   from ἰᾱτρός, -οῦ, ὁ: doctor

πρόβατον (line 12)   from πρόβατον, -ου, τό: sheep

ἀγρίῳ (line 12)   from ἄγριος, -ᾱ, -ον: wild, savage

βοῦς (line 12)   from βοῦς, βοός, ὁ (vowel-stem third-decl. noun): ox

κρημνοῦ (line 13)   from κρημνός, -οῦ, ὁ: overhanging bank, cliff

ἀνάγκη (line 13)   from ἀνάγκη, -ης, ἡ (+ infin.): it is necessary (to)

δαπανᾶν (line 14)   from δαπανάω, -ήσω, —, —, δεδαπάνημαι (+ εἰς): spend (on)

ξένους (line 14)   from ξένος, -ου, ὁ: guest, guest-friend

εὐδαιμονίᾱν (line 15)   from εὐδαιμονίᾱ, -ᾱς, ἡ: happiness

νομίζω (line 15)   from νομίζω, νομιῶ, ἐνόμισα, etc.: consider (supply "to be")

μηδὲν ἄλλο ἤ ὥσπερ (lines 17-18)   nothing other than as (= "exactly as")

τρέφε (line 18)   from τρέφω, θρέψω, ἔθρεψα, etc.: support, provide for

χρήματα (line 19)   from χρῆμα, -ατος, τό: thing; (pl.) goods, property

LESSON 23

Relative Pronouns; πᾶς; Expressions of Time

Biting Back at Aristogeiton

(adapted from Demosthenes' *Against Aristogeiton* 1.34-40)

In this speech for the prosecution, the great Athenian orator Demosthenes (4th century BCE) sharply attacks the character of the defendant, a rival orator named Aristogeiton. For not paying his fines, Aristogeiton had been banned from public speaking, but he continued to cause trouble, especially for Demosthenes.

Βλέπετε δὲ νῦν, ὦ ἄνδρες Ἀθηναῖοι, εἰς πάντα τὰ τῶν ἀνθρώπων
ἔθη. εἰσὶ ταῖς πόλεσι πάσαις βωμοὶ καὶ ναοὶ πάντων τῶν θεῶν (ἐν δὲ
τούτοις ἐστὶ καὶ Προνοίας Ἀθηνᾶς τῆς ἀγαθῆς θεοῦ ἐκεῖνος ὁ καλὸς
νεὼς ὃν ἐν Δελφοῖς ἑοράκαμεν), ἀλλ' οὐκ ἀπονοίας οὐδ' ἀναιδείας. καὶ
5   δίκης γε καὶ αἰδοῦς εἰσι πᾶσιν ἀνθρώποις βωμοί, ἀλλ' οὐκ ἀναισχυντίας
οὐδὲ σῡκοφαντίᾱς οὐδ' ἐπιορκίᾱς οὐδ' ἀχαριστίᾱς, ἃ πάντα τούτῳ τῷ
Ἀριστογείτονι πρόσεστιν.

τὰ μὲν ἄλλ' ἃ κατ' ἐμοῦ πέπρᾱγας ἐάσω, ἀλλ', Ἀριστογεῖτον,
ἑπτάκις γέγραψαί με. καὶ τήμερον ἔχω τοῖς θεοῖς οἳ σεσώκᾱσί με πολλὴν
10 χάριν.

δύο ἔτη βιάζεται λέγειν οὗτος. διὰ τοῦδε τοῦ χρόνου πολλῶν
ἰδιωτῶν κατηγόρηκεν οἳ τὴν πόλιν οὐδενὶ τρόπῳ ἠδίκουν. ἄξιός ἐστι
τεθνηκέναι ὃς οὐδὲν ἀδίκημα δεικνύναι ἔχει, ἀλλ' ὅμως ταῦτ' ἐρεῖ.

τί οὖν οὗτός ἐστιν; Κύων τοῦ δήμου, λέγουσιν οἱ ἀμφ' Ἀριστογείτονα.
15 ποδαπός; κύων ἐστὶν ὃς οὐ μὲν λύκους δάκνει, πρόβατα δ' ἃ φυλάττει
αὐτὸς ἐσθίει. τοὺς κύνας οἳ προσβάλλουσι τοῖς προβάτοις ἀποκτείνειν
δεῖ.

Vocabulary Help for the Reading - Lesson 23

ἄνδρες (line 1) voc. pl. of ἀνήρ, ἀνδρός, ὁ: man; (pl.) gentlemen (of the jury)

Ἀθηναῖοι (line 1) from Ἀθηναῖος, -ᾱ, -ον: Athenian

ἔθη (line 2) from ἔθος, -ους, τό: custom, habit

πόλεσι (line 2) dat. pl. of πόλις, -εως (acc. sg. πόλιν), ἡ: city

βωμοί (line 2) from βωμός, -οῦ, ὁ: altar

νᾱοί (line 2) from νᾱός (Attic nom. sg. = νεώς), -οῦ, ὁ: shrine

Προνοίᾱς (line 3) from Πρόνοια, -ᾱς, ἡ: Forethought

Ἀθηνᾶς (line 3) from Ἀθηνᾶ, -ᾶς, ἡ: Athena

Δελφοῖς (line 4) from Δελφοί, -ῶν, οἱ: Delphi

ἀπονοίᾱς (line 4) from ἀπόνοια, -ᾱς, ἡ: recklessness

ἀναιδείᾱς (line 4) from ἀναίδεια, -ᾱς, ἡ: shamelessness

δίκης (line 5) from δίκη, -ης, ἡ: justice

ἀναισχυντίᾱς (line 5) from ἀναισχυντίᾱ, -ᾱς, ἡ: impudence

σῡκοφαντίᾱς (line 6) from σῡκοφαντίᾱ, -ᾱς, ἡ: chicanery, baseless prosecution

ἐπιορκίᾱς (line 6) from ἐπιορκίᾱ, -ᾱς, ἡ: perjury, false swearing

ἀχαριστίᾱς (line 6) from ἀχαριστίᾱ, -ᾱς, ἡ: ingratitude

Ἀριστογείτονι (line 7) from Ἀριστογείτων, -ονος, ὁ: Aristogeiton

πρόσεστιν (line 7) from πρόσειμι (+ dat.): apply (to), belong (to), characterize

ἀλλ' (line 8) = ἄλλα (elided because Demosthenes avoids hiatus)

ἐάσω (line 8) from ἐάω, ἐάσω, εἴᾱσα, εἴᾱκα, εἴᾱμαι: let go, allow, pass over

ἑπτάκις (line 9) (adv.) seven times (all seven of the indictments failed)

σεσώκᾱσι (line 9) from σῴζω, σώσω, ἔσωσα, σέσωκα, σέσωσμαι: save

δύο (line 11) neut. acc. dual of δύο, δυοῖν: two

βιάζεται (line 11) from βιάζομαι, βιάσομαι, etc. (+ infin.): force one's way (to)

ἰδιωτῶν (line 12) from ἰδιώτης, -ου, ὁ: private citizen, individual

κατηγόρηκεν (line 12) from κατηγορέω, etc. (+ gen.): speak against, denounce

οὐδενί (line 12) neut. dat. sg. of οὐδείς, οὐδεμία, οὐδέν: not any, no

ἠδίκουν (line 12) from ἀδικέω, -ήσω, etc.: do wrong to, injure

ἀδίκημα (line 13) from ἀδίκημα, -ατος, τό: wrong-doing, injury

δεικνύναι (line 13) pres. act. infin. of δείκνῡμι, δείξω, etc.: point out, prove

ὅμως (line 13) (particle) nevertheless

κύων (line 14) from κύων, κυνός, ὁ or ἡ: dog, watch-dog

δήμου (line 14) from δῆμος, -ου, ὁ: the people, the democracy

ποδαπός (line 15) from ποδαπός, -ή, -όν: of what sort?

λύκους (line 15) from λύκος, -ου, ὁ: wolf

δάκνει (line 15) from δάκνω, δήξομαι, ἔδακον, δέδηχα, δέδηγμαι: bite

πρόβατα (line 15) from πρόβατον, -ον, τό: sheep

ἐσθίει (line 16) from ἐσθίω, ἔδομαι, ἔφαγον, ἐδήδοκα, ἐδήδεσμαι: eat, devour

δεῖ (line 17) from δεῖ, δεήσει, ἐδέησε(ν) (+ infin.): it is necessary (to)

LESSON 24

Ω-Verbs: Present Active Participle, Future Active Participle, First and Second Aorist
Active Participles, Perfect Active Participle

Not Like the Others

(adapted from Lysias' *Funeral Oration* 17-20)

Lysias' funeral oration is a tribute to the Athenians who fell in the Corinthian War (c. 394 BCE), but much of the speech is devoted to glorifying the Athenians' ancestors and explaining what made them and their accomplishments unique.

Πολλὰ μὲν οὖν ὑπῆρχε τοῖς ἡμετέροις προγόνοις, ἅτε μιᾶς
γνώμης οὖσι, περὶ τοῦ δικαίου μάχεσθαι. ἥ τε γὰρ ἀρχὴ τοῦ ἐκείνων
βίου δικαίᾱ· οὐ γάρ, ὥσπερ οἱ πολλοί, πανταχόθεν συνειλημμένοι ἦσαν
καὶ ἑτέρους ἐκβαλόντες τὴν ἀλλοτρίᾱν γῆν ᾤκησαν, ἀλλ’ αὐτόχθονες
5 ὄντες εἶχον τὴν αὐτὴν μητέρα καὶ πατρίδα. πρῶτοι δὲ καὶ μόνοι ἐν
ἐκείνῳ τῷ χρόνῳ ἐκβαλόντες τὰς παρ’ ἑαυτοῖς δυναστείᾱς δημοκρατίᾱν
κατεστήσαντο, νομίζοντες τὴν πάντων ἐλευθερίᾱν ὁμόνοιαν εἶναι
μεγίστην, κοινὰς δ’ ἀλλήλοις τὰς ἐλπίδας ποιήσαντες, ἐλευθέραις
ταῖς ψῡχαῖς ἐπολῑτεύοντο, νόμῳ τοὺς ἀγαθοὺς τῑμῶντες καὶ τοὺς
10 κακοὺς κολάζοντες, νομίσαντες ἀνθρώπους ἀξίους εἶναι ὑπὸ νόμου μὲν
βασιλεύεσθαι, ὑπὸ λόγου δὲ παιδεύεσθαι.

πολλὰ μὲν ἔργα καλὰ καὶ θαυμαστὰ οἱ τῶνδε τῶν τεθνηκότων
πρόγονοι ἔπρᾱξαν, ἀείμνηστα δὲ καὶ μεγάλα οἱ ἐξ ἐκείνων γεγονότες
τρόπαια διὰ τὴν αὐτῶν ἀρετὴν κατέλιπον. μόνοι γὰρ ὑπὲρ πάσης τῆς
15 Ἑλλάδος πρὸς πολλὰς μῡριάδας τῶν βαρβάρων διεκινδύνευσαν.

Vocabulary Help for the Reading - Lesson 24

ὑπῆρχε (line 1)   from ὑπάρχω, ὑπάρξω, ὑπῆρξα, ὑπῆρχα, ὑπηργμαι (+ *dat.*,
    infin.): be natural (for...to...); πολλά = adverbial ("be very natural")

προγόνοις (line 1)   from πρόγονος, -ου, ὁ: forefather, ancestor

μιᾶς (line 1)   fem. gen. sg. of mixed-decl. adj. εἷς, μία, ἕν: one

γνώμης (line 2)   from γνώμη, -ης, ἡ: judgment, mind, will

δικαίου (line 2)   from δίκαιος, -ᾱ, -ον: just, right (*as a substantive* = "justice")

μάχεσθαι (line 2)   from μάχομαι, μαχοῦμαι, etc.: fight, engage in battle

ὥσπερ (line 3)   (*adv.*) just as

πανταχόθεν (line 3)   (*adv.*) from all places, from everywhere

συνειλημμένοι (line 3)   perf. pass. ptcple. of συλλαμβάνω, combined with ἦσαν

ἑτέρους (line 4)   from ἕτερος, -ᾱ, -ον: the other (*of two*)

ἀλλοτρίᾱν (line 4)   from ἀλλότριος, -ᾱ, -ον: belonging to another, foreign

ᾤκησαν (line 4)   from οἰκέω, οἰκήσω, ᾤκησα, ᾤκηκα, ᾤκημαι: inhabit, settle in

αὐτόχθονες (line 4)   from αὐτόχθων, -ον: sprung from the land itself, indigenous

μητέρα (line 5)   from μήτηρ, -τρός, ἡ: mother (τὴν αὐτήν = "one and the same")

πατρίδα (line 5)   from πατρίς, -ίδος, ὁ: fatherland

πρῶτοι (line 5)   from πρῶτος, -ᾱ, -ον: first, earliest (δέ *correlates with* τε *in line 2*)

δυναστείᾱς (line 6)   δυναστείᾱ, -ᾱς, ἡ: ruling power, oligarchy

δημοκρατίᾱν (line 6)   δημοκρατίᾱ, -ᾱς, ἡ: democracy

κατεστήσαντο (line 7)   from καθίστημι, καταστήσω, καθέστησα, etc.: establish

νομίζοντες (line 7)   from νομίζω, νομιῶ, etc. (+ *acc. & infin.*): consider, believe

ἐλευθερίᾱν (line 7)   from ἐλευθερίᾱ, -ᾱς, ἡ: freedom

ὁμόνοιαν (line 7)   from ὁμόνοια, -ᾱς, ἡ: concord, unity, being of one mind

κοινάς (line 8)   from κοινός, -ή, -όν: common

ἀλλήλοις (line 8)   from ἀλλήλων, -οις/-αις, -ους/-ᾱς/-α: one another

ἐπολῑτεύοντο (line 9)   from πολῑτεύω, πολῑτεύσω, etc.: be a citizen; (*mid.*) live as
    a citizen (ἐλευθέραις ταῖς ψῡχαῖς "with their souls [being] free")

κολάζοντες (line 10)   from κολάζω, κολάσω, etc.: punish

βασιλεύεσθαι (line 11)   from βασιλεύω, βασιλεύσω, etc.: rule over, govern

θαυμαστά (line 12)   from θαυμαστός, -ή, -όν: wondrous, amazing

ἀείμνηστα (line 13)   from ἀείμνηστος, -ον: ever-to-be-remembered

μεγάλα (line 13)   from μέγας, μεγάλη, μέγα: large, great

γεγονότες (line 13)   from γίγνομαι, γενήσομαι, ἐγενόμην, γέγονα, γεγένημαι: be
    born (*refers to the Greeks who beat the Persians at Marathon in 490 BCE*)

τρόπαια (line 14)   from τρόπαιον, -ου, τό: victory monument, trophy

ἀρετήν (line 14)   from ἀρετή, -ῆς, ἡ: virtue, excellence

κατέλιπον (line 14)   = κατα- + λείπω: leave behind

μῡριάδας (line 15)   from μῡριάς, -άδος, ἡ: 10,000, myriad, countless number

βαρβάρων (line 15)   from βάρβαρος, -ου, ὁ: a barbarian, a non-Greek

διεκινδῡνευσαν (line 15)   from διακινδῡνεύω, etc.: risk all, dare all (*in battle*)

LESSON 25

Ω-Verbs: Present Middle/Passive Participle, Future Middle Participle, First and Second Aorist Middle Participles, Perfect Middle/Passive Participle

Silencing the Critics

(adapted from the Bible, John 8.1-11)

In this passage from the Gospel of John, Jesus is asked to pass judgment on a woman who has been caught in the act of committing adultery.

Ἰησοῦς δὲ πάλιν ἦλθεν εἰς τὸ ἱερὸν καὶ οἱ ἄνθρωποι ἀεὶ ἤρχοντο πρὸς αὐτόν, καὶ καθήμενος οὐκ ἐπαύετο διδάσκων αὐτούς. ἄγουσι δ' οἱ γραμματεῖς καὶ οἱ Φαρισαῖοι γυναῖκα ἐπὶ μοιχείᾳ κατειλημμένην καὶ στήσαντες αὐτὴν ἐν μέσῳ λέγουσιν αὐτῷ, Διδάσκαλε, αὕτη ἡ γυνὴ
5 κατείληπται μοιχευομένη. ὁ δὲ νόμος Μωϋσέως ἡμῖν κελεύει τὰς τοιαύτας λίθοις ἀποκτείνειν. σὺ οὖν τί λέγεις; τοῦτο δ' ἔλεγον πειρώμενοι, ὡς κατηγορησόμενοι αὐτοῦ. ὁ δὲ Ἰησοῦς κάτω κύψας τῷ δακτύλῳ ἔγραφεν εἰς τὴν γῆν. ἐπεὶ δ' οὐκ ἐπαύοντο ἐρωτῶντες αὐτόν, ἀνέκυψε καὶ εἶπεν αὐτοῖς, Ὁ ἀναμάρτητος ὑμῶν πρῶτος ἐπ' αὐτὴν βαλέτω λίθον. καὶ πάλιν
10 κύψας ἔγραφεν εἰς τὴν γῆν. οἱ ἀκούσαντες ἐξήρχοντο καθ' ἕνα ἀρξάμενοι ἀπὸ τῶν πρεσβυτέρων καὶ ἔλιπον αὐτὸν μόνον καὶ τὴν γυναῖκα ἐν μέσῳ οὖσαν. ἀνακύψας δ' ὁ Ἰησοῦς εἶπεν αὐτῇ, Γύναι, ποῦ εἰσιν; οὐδείς σε κατέκρινεν; ἡ δ' εἶπεν, Οὐδείς, κύριε. εἶπε δ' ὁ Ἰησοῦς, Οὐδ' ἐγώ σε κατακρίνω· πορεύου, καὶ ἀπὸ τοῦ νῦν μηκέτι ἁμάρτανε.

Vocabulary Help for the Reading - Lesson 25

Ἰησοῦς (line 1)   from Ἰησοῦς, -οῦ, -οῦ, -οῦν, -οῦ, ὁ (*Hebrew name*): Jesus

ἦλθεν (line 1)   from ἔρχομαι, ἐλεύσομαι, ἦλθον, ἐλήλυθα, —, —: go, come

ἱερόν (line 1)   from ἱερόν, -οῦ, τό: temple (*here = the synagogue in Jerusalem*)

καθήμενος (line 2)   from κάθημαι (*used only in perf. mid. with pres. sense*): sit

γραμματεῖς (line 3)   from γραμματεύς, -έως, ὁ: scribe (*here = a professional interpreter of Jewish law*)

Φαρισαῖοι (line 3)   from Φαρισαῖοι, -ων, οἱ : Pharisees (*a sect of Jews who believed in strict obedience to the law of Moses*)

γυναῖκα (line 3)   from γυνή, γυναικός (*voc.* γύναι), ἡ: woman

μοιχείᾳ (line 3)   from μοιχεία, -ᾱς, ἡ: adultery

κατειλημμένην (line 3)   = κατα- + λαμβάνω: catch, take by surprise

στήσαντες (line 4)   from ἵστημι, στήσω, ἔστησα, ἕστηκα, ἔσταμαι: make stand

μέσῳ (line 4)   from μέσος, -η, -ον: middle (ἐν μέσῳ = "in public view")

μοιχευομένη (line 5)   from μοιχεύω, μοιχεύσω, ἐμοίχευσα, μεμοίχευκα, μεμοίχευμαι: commit adultery

Μωϋσέως (line 5)   from Μωϋσῆς, -έως, -εῖ, -ῆν, ὁ (*Hebrew name*): Moses

τοιαύτᾱς (line 5)   from τοιοῦτος, τοιαύτη, τοιοῦτο(ν): of such a sort, such

πειρώμενοι (line 6)   from πειράω, πειράσω, ἐπείρᾱσα, πεπείρᾱκα, πεπείρᾱμαι, ἐπειράθην (*usually middle*) (+ gen.): test, make trial of

κατηγορησόμενοι (line 7)   from κατηγορέω, κατηγορήσω, κατηγόρησα, κατηγόρηκα, κατηγόρημαι, κατηγορήθην (+ gen.): speak against, denounce

κάτω (line 7)   (*adv.*) down, downwards

κύψᾱς (line 7)   from κύπτω, κύψω, ἔκυψα, κέκυφα, —, —: bend down, stoop

δακτύλῳ (line 7)   from δάκτυλος, -ου, ὁ: finger

ἀνέκυψε (line 8)   = ἀνα- + κύπτω: straighten up, stand up

ἀναμάρτητος (line 9)   from ἀναμάρτητος, -ον: sinless, without fault

πρῶτος (line 9)   from πρῶτος, -η, -ον: first, earliest

ἐξήρχοντο (line 10)   = ἐξ- + ἔρχομαι

καθ' ἕνα (line 10)   one by one, singly (*from* εἷς, μία, ἕν "one")

ἀρξάμενοι (line 10)   from ἄρχω, ἄρξω, ἦρξα, ἦρχα, ἦργμαι, ἤρχθην: make begin; (*mid.*) begin

πρεσβυτέρων (line 11)   from πρεσβύτερος, -ᾱ, -ον: elder (*as a substantive*) an elder (*here = one of the leaders in the Jewish religious community*)

ποῦ (line 12)   (*direct interrog. adv.*) where?

οὐδείς (line 12)   from οὐδείς, οὐδεμία, οὐδέν: none, no; (*as a substantive*) no one

κατέκρῑνεν (line 13)   from κατακρῑνω, κατακρῐνῶ, κατέκρῑνα, κατακέκρικα, κατακέκριμαι, κατεκρίθην: condemn, pass judgment against

κύριε (line 13)   from κύριος, -ου, ὁ: lord, master

πορεύου (line 14)   from πορεύω, πορεύσω, ἐπόρευσα, πεπόρευκα, πεπόρευμαι, ἐπορεύθην: carry, make go; (*mid./pass.*) go, proceed

ἁμάρτανε (line 14)   from ἁμαρτάνω, ἁμαρτήσομαι, ἥμαρτον, ἡμάρτηκα, ἡμάρτημαι, ἡμαρτήθην: go astray, sin

LESSON 26

Direct and Indirect Questions; Alternative Questions

Sage Advice for Alexander

(adapted from Arrian's *Anabasis* 7.1.5-2.1)

Alexander the Great spent eleven years (334-323 BCE) traveling with his army from Greece to India. In this passage Alexander's biographer Arrian comments on the king's insatiable thirst for new lands to conquer; he regrets that Alexander did not heed the warnings of the wise men whom he encountered along the way.

Ἐγὼ δ' ὁποῖα μὲν ἦν Ἀλεξάνδρου τὰ ἐνθῡμήματα οὐκ ἔχω
εἰκάζειν, αὐτῷ δ' οὔτε μῑκρὰ οὔτε φαῦλα τὰ ἔργα ποτ' ἦν. καὶ ἐπαινῶ τοὺς
σοφοὺς τῶν Ἰνδῶν, οὓς ὑπαιθρίους κατέλαβεν Ἀλέξανδρος ἐν λειμῶνι
ἐν ᾗ αὐτοῖς διατριβαὶ ἦσαν. ἰδόντες γὰρ αὐτόν τε καὶ τοὺς στρατιώτᾱς,
5   ἔπληξαν τοῖς ποσὶ τὴν γῆν ἐφ' ἧς ἔκειντο. ὡς δ' ἠρώτησεν Ἀλέξανδρος ὅ
τι ποιοῦσιν, εἶπον, Βασιλεῦ Ἀλέξανδρε, ἄνθρωπος μὲν ἕκαστος τόσον τῆς
γῆς ἔχει ὅσον τοῦτ' ἔστιν ἐφ' οὗ κείμεθα· σὺ δ' ἄνθρωπος ὢν παραπλήσιος
τοῖς ἄλλοις—πλὴν ὅτι πολυπρᾱ́γμων καὶ ἀτάσθαλος διὰ πάσης τῆς γῆς
ἔρχῃ, πρᾱ́γματα ἔχων τε καὶ παρέχων ἄλλοις—ὀλίγον ὕστερον ἀποθανών,
10   τόσον ἕξεις τῆς γῆς ὅσον ἀρκεῖ τῷ τάφῳ.

τότ' ἐπήνεσε μὲν Ἀλέξανδρος τούς τε λόγους αὐτοὺς καὶ τοὺς
εἰπόντας, ἔπρᾱττε δ' ὅμως ἄλλα καὶ τὰ ἐναντία τούτοις ἃ ἐπήνεσεν. ἐπεὶ
δὲ σὺν τοῖς στρατιώταις ἐν Ἰσθμῷ καταλαβὼν τὸν Διογένη κείμενον ἐν
ἡλίῳ ἠρώτησεν εἴ τινος δεῖται, ὁ φιλόσοφος εἶπεν, Οὐδενὸς δέομαι πλὴν
15   ἀπὸ τοῦ ἡλίου ἀπελθεῖν σέ τε καὶ τοὺς σὺν σοί. καὶ Ἀλέξανδρος τὸν
Διογένη θαυμάσαι λέγεται.

Vocabulary Help for the Reading - Lesson 26

Ἀλεξάνδρου (line 1)   from Ἀλέξανδρος, -ου, ὁ: Alexander

ἐνθῡμήματα (line 1)   from ἐνθῡμημα, -ατος, τό: thought, plan, intention

εἰκάζειν (line 2)   from εἰκάζω, εἰκάσω, εἴκασα, etc.: conjecture, imagine

φαῦλα (line 2)   from φαῦλος, -η, -ον: slight, trivial, lowly

ἐπαινῶ (line 2)   from ἐπαινέω, ἐπαινέσω, ἐπήνεσα, etc.: praise, commend

Ἰνδῶν (line 3)   from Ἰνδοί, -ῶν, οἱ: Indians, people of India

ὑπαιθρίους (line 3)   from ὑπαίθριος, -ᾱ, -ον: under the sky, in the open air

κατέλαβεν (line 3)   = κατα- + λαμβάνω: come upon, find (*on arrival*)

λειμῶνι (line 3)   from λειμών, -ῶνος, ὁ: meadow

διατριβαί (line 4)   from διατριβή, -ῆς, ἡ: discussion, disputation

στρατιώτᾱς (line 4)   from στρατιώτης, -ου, ὁ: soldier

ποσί (line 5)   from πούς, ποδός, ὁ: foot

ἔκειντο (line 5)   from κεῖμαι, κείσομαι, —, —, —: be situated, rest, lie

βασιλεῦ (line 6)   from βασιλεύς, -έως, ὁ: king

ἕκαστος (line 6)   from ἕκαστος, -η, -ον: each, every

τόσον...ὅσον τοῦτ' ἔστιν (lines 6-7)   such an amount...as is this amount (*neut. acc. sg. of* τόσος -η, -ον "so much"; *neut. nom. sg. of* ὅσος, -η, -ον "as much as")

παραπλήσιος (line 7)   from παραπλήσιος, -ᾱ, -ον (+ *dat.*): close (to), resembling

πλὴν ὅτι (line 8)   (*conj.* + *noun clause*) except that, save for the fact that

πολυπρᾱγμων (line 8)   from πολυπρᾱγμων, -ον: meddlesome

ἀτάσθαλος (line 8)   from ἀτάσθαλος, -ον: reckless, arrogant

ἔρχῃ (line 9)   from ἔρχομαι, ἐλεύσομαι, ἦλθον, ἐλήλυθα, —: go, come, travel

πρᾱγματα (line 9)   from πρᾱγμα, -ατος, τό: thing; (*pl.*) trouble

παρέχων (line 9)   from παρα- + ἔχω: offer, produce, cause

ὀλίγον (line 9)   a little (*neut. acc. sg. of* ὀλίγος, -η, -ον *used as adv.*)

ὕστερον (line 9)   later (*neut. acc. sg. of* ὕστερος, -ᾱ, -ον *used as adv.*)

ἀρκεῖ (line 10)   from ἀρκέω, ἀρκέσω, ἤρκεσα, —, — (+ *dat.*): be enough (for), suffice

τάφῳ (line 10)   from τάφος, -ου, ὁ: burial, grave

ὅμως (line 12)   (*particle*) nevertheless

ἐναντία (line 12)   from ἐναντίος, -ᾱ, -ον (+ *dat.*): opposite (to)

Ἰσθμῷ (line 13)   from Ἰσθμός, -οῦ, ὁ: Isthmus (*of Corinth*)

Διογένη (line 13)   from Διογένης, -ους, ὁ: Diogenes, famous Cynic philosopher

ἡλίῳ (line 14)   from ἥλιος, -ου, ὁ: sun

δεῖται (line 14)   from δέομαι, δεήσομαι, —, —, δεδέημαι (+ *gen.*): have need (of)

οὐδενός (line 14)   nothing (*neut. gen. sg. of* οὐδείς, οὐδεμία, οὐδέν "not any")

πλήν (line 14)   (*conj.* + *infin.*) except for (*cf. the* πλὴν ὅτι *construction in line* 8)

ἀπελθεῖν (line 15)   = ἀπο- + ἔρχομαι

θαυμάσαι (line 16)   from θαυμάζω, θαυμάσομαι, ἐθαύμασα, etc.: marvel at

LESSON 27

Ω-Verbs: Aorist Passive Tense

A Fitting Foe and a Horse Fit for a King

(adapted from Arrian's *Anabasis* 5.19.1-6)

After fierce fighting at the river Hydaspes, Alexander's forces defeat the Indian king
Porus. Impressed by his opponent's valiant behavior during the battle, Alexander
sends word to Porus that he would like to meet him. When he sees Porus arriving,
he rides out in front of his assembled army on his 30-year-old horse Bucephalas.

Ἀλέξανδρος δὲ τό τε μέγεθος ἐθαύμαζε καὶ τὸ κάλλος
τοῦ Πώρου, οὐ γὰρ δοῦλος ὢν ἐφαίνετο, ἀλλ' ὥσπερ ἀνὴρ ἀγαθὸς
ἀνδρὶ ἀγαθῷ προσελθών, ὑπὲρ βασιλείᾱς τῆς αὑτοῦ πρὸς βασιλέᾱ
ἄλλον εὖ μεμαχημένος. καὶ Ἀλέξανδρος αὐτὸν λέγειν ἐκέλευσεν ὅ τι
5   ἑαυτῷ γενέσθαι ἐθέλει. Πῶρος δ' ἀπεκρίθη, Βασιλικῶς μοι χρῆσαι, ὦ
Ἀλέξανδρε. καὶ Ἀλέξανδρος ἡσθεὶς τῷ λόγῳ, εἶπε, Τοῦτο μὲν ἔσται σοι,
ὦ Πῶρε, ἐμοῦ χάριν· σὺ δὲ σαυτοῦ χάριν εἰπὲ νῦν ὅ τι ἄλλο ἔχειν ἄξιος
εἶ. ὁ δε Πῶρος ἀπεκρίθη, Πάντα ἐν τούτῳ ἐστίν. καὶ Ἀλέξανδρος τούτῳ
ἔτι μᾶλλον τῷ λόγῳ ἡσθείς, τήν τ' ἀρχὴν τῷ Πώρῳ τῶν αὐτῶν Ἰνδῶν
10 ἔδωκε καὶ ἄλλην ἔτι χώρᾱν προσεποίησεν. οὕτως ἐκεῖνος ὁ ἀνὴρ ἀγαθὸς
βασιλικῶς ἐτῑμήθη ὑπ' Ἀλεξάνδρου.

πρὸς τῷ ποταμῷ Ἀλέξανδρος πόλιν ἐποίησεν ἣ Βουκεφάλα
ὠνομάσθη εἰς τοῦ ἵππου τοῦ Βουκεφάλα μνήμην, ὃς ἀπέθανεν ἐν τούτῳ
τῷ τόπῳ, οὐ βληθεὶς πρὸς οὐδενός, ἀλλ' ὑπὸ καύματός τε καὶ ἡλικίᾱς
15 καματηρὸς γενόμενος. καὶ μεγέθει μέγας καὶ τῷ θῡμῷ γενναῖος, λευκὸν
σῆμα εἶχεν ἐπὶ τῆς κεφαλῆς ὅμοιον τῇ βοὸς κεφαλῇ. καὶ ἐπεὶ οὗτος ὁ
ἵππος ἐν τῇ Οὐξίων χώρᾳ ἐκλάπη, Ἀλέξανδρος ἔμελλε διὰ τῆς χώρᾱς
πάντας ἀποκτενεῖν Οὐξίους εἰ μὴ ἀπάξουσιν αὐτῷ τὸν ἵππον· καὶ ἀπήχθη
εὐθύς. τόσῃ μὲν σπουδὴ Ἀλεξάνδρῳ ἀμφ' αὐτὸν ἦν, τόσος δ' Ἀλεξάνδρου
20 φόβος τοῖς βαρβάροις.

Vocabulary Help for the Reading - Lesson 27

Ἀλέξανδρος (line 1)   from Ἀλέξανδρος, -ου, ὁ: Alexander

μέγεθος (line 1)   from μέγεθος, -ους, τό: greatness, size, stature

ἐθαύμαζε (line 1)   from θαυμάζω, θαυμάσομαι, etc.: marvel at, be amazed at

κάλλος (line 1)   from κάλλος, -ους, τό: beauty, handsomeness

Πώρου (line 2)   from Πῶρος, -ου, ὁ: Porus

ἐφαίνετο (line 2)   from φαίνω, etc.: make appear; (*mid. + suppl. ptcple.*) appear

ὥσπερ (line 2)   (*adv.*) just as

ἀνήρ (line 2)   from ἀνήρ, ἀνδρός, ὁ: man

προσελθών (line 3)   from προσέρχομαι, προσελεύσομαι, προσῆλθον, etc.: approach

βασιλείᾱς (line 3)   from βασιλείᾱ, -ᾱς, ἡ: kingdom

βασιλέᾱ (line 3)   acc. sg. of βασιλεύς, -έως, ὁ (*vowel-stem third-decl. noun*): king

γενέσθαι (line 5)   from γίγνομαι, γενήσομαι, ἐγενόμην, etc.: become, happen

βασιλικῶς (line 5)   (*adv.*) as a king, royally (*from* βασιλικός, -ή, -όν "royal")

χρῆσαι (line 5)   from χράομαι, χρήσομαι, etc. (+ *dat.*): treat, deal with

ἡσθείς (line 6)   from ἥδομαι, ἡσθήσομαι, etc. (+ *dat.*): be pleased (by)

μᾶλλον (line 9)   (*adv.*) more (*comparative degree of* μάλα "much")

Ἰνδῶν (line 9)   from Ἰνδοί, -ῶν, οἱ: Indians, people of India

ἔδωκε (line 10)   aor. act. indic. of δίδωμι, δώσω, ἔδωκα, δέδωκα, etc.: give

οὕτως (line 10)   (*adv.*) in this way, so, thus

πόλιν (line 12)   acc. sg. of πόλις, -εως, ἡ (*vowel-stem third-decl. noun*): city

Βουκεφάλᾱ (line 12)   from Βουκεφάλᾱ, -ᾱς, ἡ: Bucephala

ὠνομάσθη (line 13)   from ὀνομάζω, ὀνομάσω, ὠνόμασα, etc.: name, call

Βουκεφάλᾱ (line 13)   from Βουκεφάλᾱς, -ᾱ (*Doric gen. sg.* = *Attic* -ου), ὁ: Bucephalas (= βοῦς, βοός, ὁ "ox" + κεφαλή, -ῆς, ἡ "head")

μνήμην (line 13)   from μνήμη, -ης, ἡ: remembrance (εἰς...μνήμην = "in memory")

οὐδενός (line 14)   masc. gen. sg. of οὐδείς, οὐδεμία, οὐδέν: none, no one (οὐ... οὐδενός = "not anyone")

καύματος (line 14)   from καῦμα, -ατος, τό: burning heat

καματηρός (line 15)   from καματηρός, -ά, -όν: worn out, exhausted

θῡμῷ (line 15)   from θῡμός, -οῦ, ὁ: soul, spirit, heart

γενναῖος (line 15)   from γενναῖος, -ᾱ, -ον: noble

λευκόν (line 15)   from λευκός, -ή, -όν: white

σῆμα (line 16)   from σῆμα, -ατος, τό: mark, marking

ὅμοιον (line 16)   from ὅμοιος, -ᾱ, -ον (+ *dat.*): similar (to), like, resembling

Οὐξίων (line 17)   from Οὔξιοι, -ων, οἱ: Uxians, people of Uxia in Persia

εἰ μή (line 18)   (*conj. + neg. adv.*) if not, unless

ἀπάξουσιν (line 18)   = ἀπο- + ἄγω: bring back, return

εὐθύς (line 19)   (*adv.*) immediately

τόση (line 19)   from τόσος, -η, -ον: so great, so much; (*pl.*) so many

σπουδή (line 19)   from σπουδή, -ῆς, ἡ: zeal, seriousness, devotion

βαρβάροις (line 20)   from βάρβαρος, -ου, ὁ: a barbarian, a non-Greek

LESSON 28

Ω-Verbs: Future Passive Tense; Future Perfect Active and Middle/Passive Tenses; οἶδα

The Beatitudes and Beyond

(adapted from the Bible, Matthew 5.1-10; 7.1-2, 7-11)

At this point in the Gospel of Matthew, Jesus has become such a celebrated teacher and healer that he has crowds of people following him wherever he goes. The following selections are from his oft-quoted Sermon on the Mount.

Ἰδὼν δὲ τοὺς ὄχλους ἀνέβη εἰς τὸ ὄρος· καὶ ἀνοίξας τὸ στόμα ἐδίδασκεν αὐτοὺς λέγων,

Μακάριοι οἱ πτωχοὶ τῷ πνεύματι, ὅτι αὐτῶν ἐστιν ἡ βασιλείᾱ τῶν οὐρανῶν.

5   μακάριοι οἱ πενθοῦντες, ὅτι αὐτοὶ παρακληθήσονται.

μακάριοι οἱ πρᾶοι, ὅτι αὐτοὶ κληρονομήσουσιν τὴν γῆν.

μακάριοι οἱ πεινῶντες καὶ διψῶντες τὴν δικαιοσύνην, ὅτι αὐτοὶ χορτασθήσονται.

μακάριοι οἱ ἐλεήμονες, ὅτι αὐτοὶ ἐλεηθήσονται.

10   μακάριοι οἱ καθαροὶ τῇ καρδίᾳ, ὅτι αὐτοὶ τὸν θεὸν ὄψονται.

μακάριοι οἱ εἰρηνοποιοί, ὅτι αὐτοὶ υἱοὶ θεοῦ κληθήσονται.

μακάριοι οἱ δεδιωγμένοι δικαιοσύνης χάριν, ὅτι αὐτῶν ἐστιν ἡ βασιλείᾱ τῶν οὐρανῶν.

μὴ κρίνετε τοὺς ἄλλους, ἐν ᾧ γὰρ κρίματι κρίνετε κριθήσεσθε,
15   καὶ ἐν ᾧ μέτρῳ μετρεῖτε μετρηθήσεται ὑμῖν. αἰτεῖτε, καὶ δοθήσεται ὑμῖν· ζητεῖτε, καὶ εὑρήσετε· κρούετε, καὶ ἀνοιχθήσεται ὑμῖν. πᾶς γὰρ ὁ αἰτῶν λαμβάνει καὶ ὁ ζητῶν εὑρίσκει καὶ τῷ κρούοντι ἀνοιχθήσεται. ἢ τίς ἐστιν ἐξ ὑμῶν ἄνθρωπος, ὃν αἰτήσει ὁ ἑαυτοῦ υἱὸς ἄρτον—μὴ λίθον ἐπιδώσει αὐτῷ; ἢ καὶ ἰχθὺν αἰτήσει—μὴ ὄφιν ἐπιδώσει αὐτῷ; εἰ οὖν ὑμεῖς πονηροὶ
20   ὄντες ἴστε δῶρα ἀγαθὰ διδόναι τοῖς τέκνοις ὑμῶν, πόσῳ μᾶλλον ὁ πατὴρ ὑμῶν ὁ ἐν τοῖς οὐρανοῖς δώσει ἀγαθὰ τοῖς αἰτοῦσιν αὐτόν.

Vocabulary Help for the Reading - Lesson 28

ὄχλους (line 1)   from ὄχλος, -ου, ὁ: crowd, mob, mass

ἀνέβη (line 1)   3rd-pers. sg. athematic aor. act. indic. of ἀναβαίνω, ἀναβήσομαι, ἀνέβην, ἀναβέβηκα, ἀναβέβαμαι, ἀνεβάθην: go up, mount

ὄρος (line 1)   from ὄρος, -ους, τό: mountain, hill

στόμα (line 1)   from στόμα, -ατος, τό: mouth

μακάριοι (line 3)   from μακάριος, -ᾱ, -ον: blessed, happy

πτωχοί (line 3)   from πτωχός, -ή, -όν: beggarly, needy, poor

πνεύματι (line 3)   from πνεῦμα, -ατος, τό: spirit, soul

βασιλείᾱ (line 3)   from βασιλείᾱ, -ᾱς, ἡ: kingdom

πενθοῦντες (line 5)   from πενθέω, πενθήσω, ἐπένθησα, πεπένθηκα, —, —: mourn

παρακληθήσονται (line 5)   = παρα- + καλέω: comfort, console

πρᾷοι (line 6)   from πρᾷος, -ον: mild, gentle, meek

κληρονομήσουσιν (line 6)   from κληρονομέω, κληρονομήσω, etc.: inherit

πεινῶντες (line 7)   from πεινάω, πεινήσω, ἐπείνησα, πεπείνηκα, —, —: hunger for

διψῶντες (line 7)   from διψάω, διψήσω, ἐδίψησα, δεδίψηκα, —, —: thirst for

δικαιοσύνην (line 7)   from δικαιοσύνη, -ης, ἡ: justice, righteousness

χορτασθήσονται (line 8)   from χορτάζω, χορτάσω, etc.: feed, satisfy

ἐλεήμονες (line 9)   from ἐλεήμων, -ον: merciful, compassionate

ἐλεηθήσονται (line 9)   from ἐλεέω, ἐλεήσω, etc.: show mercy to, treat kindly

καθαροί (line 10)   from καθαρός, -ά, -όν: clean, pure

καρδίᾳ (line 10)   from καρδίᾱ, -ᾱς, ἡ: heart

εἰρηνοποιοί (line 11)   from εἰρηνοποιός, -οῦ, ὁ: peacemaker

δεδιωγμένοι (line 12)   here = "persecuted"

κρίματι (line 14)   from κρίμα, -ατος, τό: judgment, condemnation (ἐν ᾧ...κρίματι = ἐν τῷ κρίματι ἐν ᾧ)

μέτρῳ (line 15)   from μέτρον, -ου, τό: measure (ἐν ᾧ μέτρῳ = ἐν τῷ μέτρῳ ἐν ᾧ)

μετρεῖτε (line 15)   from μετρέω, μετρήσω, etc.: measure out, deal out, pay

αἰτεῖτε (line 15)   from αἰτέω, αἰτήσω, etc. (+ *double acc.*): ask (*someone*) for

δοθήσεται (line 15)   from δίδωμι, δώσω, ἔδωκα, δέδωκα, δέδομαι, ἐδόθην: give

κρούετε (line 16)   from κρούω, κρούσω, ἔκρουσα, etc.: strike, knock

ἄρτον (line 18)   from ἄρτος, -ου, ὁ: bread, loaf of bread

ἐπιδώσει (line 18)   from ἐπιδίδωμι, ἐπιδώσω, etc.: give, hand (*construction shifts in mid-sentence to a question beginning with* μή, *expecting a negative answer*)

ἰχθύν (line 19)   acc. sg. of ἰχθύς, -ύος, ὁ: fish

ὄφιν (line 19)   acc. sg. of ὄφις, -εως, ὁ (*vowel-stem third-decl. noun*): snake

εἰ (line 19)   (*conj.*) if

πονηροί (line 19)   from πονηρός, -ά, -όν: evil, bad, wicked

πόσῳ (line 20)   from πόσος, -η, -ον: how much? (*dat. of degree of difference*)

μᾶλλον (line 20)   (*adv.*) more (*comparative degree of* μάλα "much")

πατήρ (line 20)   from πατήρ, -τρός, ὁ (*syncopated third-decl. noun*): father

LESSON 29

Third Declension: Vowel Stems and Syncopated Stems

A Pact with the Persians

(adapted from Thucydides' *History of the Peloponnesian War* 8.37)

War between Athens and Sparta had been raging for two decades when attention shifted to the Persian-controlled coast of Asia Minor. Both the Athenians and the Spartans hoped to secure the Persians as allies, but only the Spartans succeeded: at Miletus in 411 BCE they signed a treaty whose text is preserved by Thucydides.

Συνθῆκαι Λακεδαιμονίων καὶ τῶν συμμάχων πρὸς βασιλέᾱ
Δαρεῖον καὶ τοὺς παῖδας τοὺς βασιλέως καὶ Τισσαφέρνην. ἔστων σπονδαὶ
καὶ φιλίᾱ κατὰ τάδε. ὁπόση χώρᾱ καὶ πόλεις βασιλέως εἰσὶ Δαρείου
ἢ τοῦ πατρὸς ἦσαν ἢ τῶν προγόνων, ἐπὶ ταύτᾱς οὐκ ἴᾱσιν ἐπὶ πολέμῳ
5 οὐδὲ κακῷ οὐδενὶ οὔτε Λακεδαιμόνιοι οὔθ᾽ οἱ σύμμαχοι οἱ Λακεδαιμονίων,
οὐδὲ φόρους πρᾱ́ξονται ἐκ τῶν πόλεων τούτων οὔτε Λακεδαιμόνιοι οὔθ᾽ οἱ
σύμμαχοι οἱ Λακεδαιμονίων· οὐδὲ Δαρεῖος βασιλεὺς οὐδ᾽ οὗτοι ὧν βασιλεὺς
ἄρχει ἐπὶ Λακεδαιμονίους οὐδὲ τοὺς συμμάχους ἴᾱσιν ἐπὶ πολέμῳ οὐδὲ
κακῷ οὐδενί. εἰ δέ τι δεήσονται Λακεδαιμόνιοι ἢ οἱ σύμμαχοι βασιλέως
10 ἢ βασιλεὺς Λακεδαιμονίων ἢ τῶν συμμάχων, ὃ πείσουσιν ἀλλήλους,
τοῦτο ποιεῖν καλῶς ἕξει. τὸν δὲ πόλεμον τὸν πρὸς Ἀθηναίους καὶ τοὺς
συμμάχους κοινῇ ἀμφότεροι πολεμήσουσιν· εἰ δὲ κατάλυσιν ποιήσονται,
κοινῇ ἀμφότεροι ποιήσονται. εἰ δὲ στρατιᾱ́ τις ἐν τῇ χώρᾳ τῇ βασιλέως
ἔσται μεταπεμψαμένου βασιλέως, τὴν δαπάνην ὁ βασιλεὺς παρέξει. εἰ δέ
15 τις τῶν πόλεων αἳ συνέθεντο βασιλεῖ ἐπὶ τὴν βασιλέως εἰσὶ χώρᾱν, αἱ ἄλλαι
κωλῡ́σουσι καὶ ἀμυνοῦσι βασιλεῖ κατὰ τὸ δυνατόν· καὶ εἴ τις τῶν ἐν τῇ
βασιλέως χώρᾳ πόλεων ἢ τούτων ὧν βασιλεὺς ἄρχει ἐπὶ τὴν Λακεδαιμονίων
χώρᾱν εἰσὶν ἢ τῶν συμμάχων, βασιλεὺς κωλῡέτω καὶ ἀμῡνέτω κατὰ τὸ
δυνατόν.

Vocabulary Help for the Reading - Lesson 29

συνθῆκαι (line 1)   from συνθήκη, -ης, ἡ: agreement; (pl.) articles of agreement

Λακεδαιμονίων (line 1)   from Λακεδαιμόνιοι, -ων, οἱ: Lacedaemonians, Spartans

συμμάχων (line 1)   from σύμμαχος, -ον: allied; (as a substantive) ally

Δαρεῖον (line 2)   from Δαρεῖος, -ου, ὁ: Darius, king of Persia

Τισσαφέρνην (line 2)   from Τισσαφέρνης, -ους, ὁ: Tissaphernes, Persian gover-
nor of coastal Asia Minor (he had negotiated the treaty on behalf of the
king)

σπονδαί (line 2)   from σπονδή, -ῆς, ἡ: drink-offering, libation; (pl.) solemn treaty

φιλίᾱ (line 3)   from φιλίᾱ, -ᾱς, ἡ: friendship

κατὰ τάδε (line 3)   on the following terms

ὁπόση (line 3)   from ὁπόσος, -η, -ον: as much..as, as many...as (take ὁπόση with
both χώρᾱ and πόλεις = "however much...and however many")

προγόνων (line 4)   from πρόγονος, -ου, ὁ: forefather, ancestor

ἴᾱσιν (line 4)   will proceed (3rd-pers. pl. of εἶμι "go"—pres. in form, fut. in
sense)

ἐπὶ πολέμῳ (line 4)   ἐπί here = "for" or "for the purpose of"

οὐδενί (line 5)   neut. dat. sg. of οὐδείς, οὐδεμία, οὐδέν: nothing (οὐδὲ...οὐδενί =
"nor for anything"); because οὔτε...οὔτε just reinforce οὐκ, they may be
translated as "either/or," or the negative may be dropped from the main
verb

φόρους (line 6)   from φόρος, -ου, ὁ: tribute, payment

πράξονται (line 6)   here the middle has a special sense: "take for oneself, exact"

ἄρχει (line 8)   from ἄρχω, ἄρξω, ἦρξα, ἦρχα, ἦργμαι, ἤρχθην (+ gen.): rule
(over); βασιλεὺς ἄρχει = "rules over as king"

εἰ (line 9)   (conj.) if

δεήσονται (line 9)   from δέομαι, δεήσομαι, etc.: (+ acc. of thing, gen. of person):
need (something) (from), have need (of something) (from)

ἀλλήλους (line 10)   from ἀλλήλων, -οις/-αις, -ους/-ᾱς/-α: one another

καλῶς ἕξει (line 11)   i.e., will be fair and good

κοινῇ (line 12)   jointly (fem. dat. sg. of κοινός, -ή, -όν "common" used as adv.)

ἀμφότεροι (line 12)   from ἀμφότερος, -ᾱ, -ον: both, each (of two)

πολεμήσουσιν (line 12)   from πολεμέω, etc.: make war (+ cognate acc. πόλεμον)

κατάλυσιν (line 12)   from κατάλυσις, -εως, ἡ: dismissal, termination (of a war)

στρατιά (line 13)   from στρατιά, -ᾶς, ἡ: army

μεταπεμψαμένου βασιλέως (line 14)   "with the king having summoned [it]" =
genitive absolute (see Lesson 30); from μετα- + πέμπω: send for, summon

δαπάνην (line 14)   from δαπάνη, -ης, ἡ: cost, expense

παρέξει (line 14)   from παρα- + ἔχω: provide for, defray

συνέθεντο (line 15)   3rd-pers. pl. aor. mid. of συντίθημι, συνθήσω, συνέθηκα,
συντέθηκα, συντέθειμαι, συνετέθην (+ dat.): make a treaty (with)

εἶσι (line 15)   will proceed (3rd-pers. sg. of εἶμι "go"—pres. in form, fut. in
sense; appears again in line 18 with movable nu added)

κωλύσουσι (line 16)   from κωλύω, κωλύσω, ἐκώλυσα, etc.: hinder, prevent

ἀμυνοῦσι (line 16)   from ἀμύνω, ἀμυνῶ, ἤμῡνα, —. —, — (+ dat.): defend

κατὰ τὸ δυνατόν (lines 18-19)   as far as possible (from δυνατός, -ή, -όν
"possible")

LESSON 30

Deponent Verbs; Genitive Absolute; εἷς, οὐδείς/μηδείς

The Greeks Defy a Despot

(adapted from Lysias' *Funeral Oration* 27-34)

Lysias recalls the hubris of Xerxes, the autocratic Persian king who invaded Greece with his enormous army and navy in 480 BCE. Motivating Xerxes was his resentment over the Persian defeat at Marathon ten years earlier.

Μετὰ ταῦτα δὲ Ξέρξης ὁ τῆς Ἀσίᾱς βασιλεύς, καταφρονήσᾱς μὲν τῆς Ἑλλάδος, ἐψευσμένος δὲ τῆς ἐλπίδος, ἀπαθὴς δ᾽ ὢν κακῶν καὶ ἄπειρος ἀνδρῶν ἀγαθῶν, μεγάλην στρατιὰν ἄγων ἐκ τῆς Ἀσίᾱς εἰς τὴν Εὐρώπην ἀφίκετο· ἀλλ᾽ ὑπεριδὼν καὶ τὰ φύσεως καὶ τὰ θεῶν καὶ τῶν ἀνθρώπων,

5   ὁδὸν μὲν διὰ τῆς θαλάττης ἐποιήσατο, πλοῦν δὲ διὰ τῆς γῆς, ζεύξᾱς μὲν τὸν Ἑλλήσποντον, διορύξᾱς δὲ τὸν Ἄθω, παύσαντος τὴν στρατιὰν οὐδενός. Ἀθηναῖοι δ᾽, οὕτω διακειμένης τῆς Ἑλλάδος, αὐτοὶ μὲν εἰς τὰς τριήρεις σπεύσαντες ἐπ᾽ Ἀρτεμίσιον ἐβοήθησαν, Λακεδαιμόνιοι δὲ καί τινες τῶν συμμάχων εἰς Θερμοπύλᾱς ἀπήντησαν. γενομένου δὲ τοῦ κινδύνου κατὰ

10 τὸν αὐτὸν χρόνον Ἀθηναῖοι μὲν ἐνίκησαν, Λακεδαιμόνιοι δ᾽, οὐ ταῖς ψῡχαῖς ἐνδεεῖς γενόμενοι ἀλλὰ τοῦ πλήθους ψευσθέντες, ἀπέθανον. τοῖς δ᾽ Ἀθηναίοις ἡ ἐλευθερίᾱ μετ᾽ ἀρετῆς καὶ πενίᾱς ἔδοξε κρεῖττον εἶναι ἢ μετ᾽ ὀνείδους καὶ πλούτου δουλείᾱ τῆς πατρίδος· ἀπέλιπον οὖν ὑπὲρ τῆς Ἑλλάδος τὴν πόλιν. τῶν δὲ παίδων καὶ γυναικῶν καὶ μητέρων εἰς Σαλαμῖνα

15 φυγόντων, ἐκάλεσαν τοὺς ἄλλους συμμάχους, καὶ πάντες εἰς τὰς τριήρεις σπεύσαντες τοὺς πολεμίους ἔμενον.

Vocabulary Help for the Reading - Lesson 30

Ξέρξης (line 1)   from Ξέρξης, -ου, ὁ: Xerxes

Ἀσίας (line 1)   from Ἀσία, -ας, ἡ: Asia

καταφρονήσᾱς (line 1)   from καταφρονέω, etc. (+ gen.): think little of, disdain

ἐψευσμένος (line 2)   from ψεύδω, ψεύσω, ἔψευσα, —, ἔψευσμαι, ἐψεύσθην: deceive; (pass. + gen.) be deceived (in) (i.e., in his expectations)

ἀπαθής (line 2)   from ἀπαθής, -ές (+ gen.): without experience (of)

ἄπειρος (line 2)   from ἄπειρος, -ον (+ gen.): unused (to), unacquainted (with)

στρατιάν (line 3)   from στρατιά, -ᾶς, ἡ: army

Εὐρώπην (line 3)   from Εὐρώπη, -ης, ἡ: Europe

ὑπεριδών (line 4)   from ὑπερ- + ὁράω: look down on, despise

φύσεως (line 4)   from φύσις, -εως, ἡ: nature

πλοῦν (line 5)   from πλοῦς, -οῦ, ὁ: sailing-voyage

ζεύξᾱς (line 5)   from ζεύγνῡμι, ζεύξω, ἔζευξα, etc.: yoke, bind together, bridge

Ἑλλήσποντον (line 6)   from Ἑλλήσποντος, -ου, ὁ: Hellespont, Eurasian strait

διορύξᾱς (line 6)   from διορύττω, διορύξω, διώρυξα, etc.: dig through

Ἄθω (line 6)   acc. sg. of Ἄθως, -ω, ὁ: Athos, a peninsula, site of Xerxes' canal

Ἀθηναῖοι (line 7)   from Ἀθηναῖοι, -ων, οἱ: Athenians

οὕτω (line 7)   (adv.) in this way, so, thus

διακειμένης (line 7)   from διάκειμαι, etc.: be (in a certain state or circumstances)

Ἀρτεμίσιον (line 8)   from Ἀρτεμίσιον, -ου, τό: Artemisium, an island promontory

ἐβοήθησαν (line 8)   from βοηθέω, βοηθήσω, etc.: go (to a place) to offer aid

Λακεδαιμόνιοι (line 8)   from Λακεδαιμόνιοι, -ων, οἱ: Lacedaemonians, Spartans

συμμάχων (line 9)   from σύμμαχος, -ον: allied with; (as a substantive) ally

Θερμοπύλᾱς (line 9)   from Θερμοπύλαι, -ων, αἱ: Thermopylae, a mountain pass

ἀπήντησαν (line 9)   from ἀπαντάω, etc.: go (to a place) to meet (in battle)

γενομένου (line 9)   from γίγνομαι, γενήσομαι, ἐγενόμην, etc.: happen; (aor.) be

ἐνίκησαν (line 10)   from νῑκάω, νῑκήσω, ἐνίκησα, etc.: be victorious, conquer

ἐνδεεῖς (line 11)   from ἐνδεής, -ές: wanting, lacking

πλήθους (line 11)   from πλῆθος, -ους, τό: quantity, number (i.e., of combatants)

ἐλευθερίᾱ (line 12)   from ἐλευθερία, -ας, ἡ: freedom

ἀρετῆς (line 12)   from ἀρετή, -ῆς, ἡ: virtue, valor

πενίᾱς (line 12)   from πενία, -ας, ἡ: poverty

ἔδοξε (line 12)   from δοκέω, δόξω, ἔδοξα, etc.: (with infin. as subject) seem

κρεῖττον (line 12)   better (neut. sg. nom. of compar. adj. κρείττων, -ον)

ὀνείδους (line 13)   from ὄνειδος, -ους, τό: reproach, disgrace

πλούτου (line 13)   from πλοῦτος, -ου, ὁ: wealth, riches

δουλείᾱ (line 13)   from δουλεία, -ας, ἡ: slavery

γυναικῶν (line 14)   from γυνή, γυναικός, ἡ: woman, wife

Σαλαμῖνα (line 14)   from Σαλαμίς, -ῖνος, ἡ: Salamis, an island opposite Athens

LESSON 31

Adverbs: Positive Degree; Result Clauses

A Pedigree To Be Proud Of

(adapted from Xenophon's *Cynegeticus* 1)

Xenophon begins his treatise on hunting by claiming that the sport has a divine origin and has helped build the character of a long line of Greek heroes.

Τὸ μὲν εὕρημα θεῶν, Ἀπόλλωνος καὶ Ἀρτέμιδος, ἄγραι καὶ κύνες·
ἔδοσαν δὲ καὶ ἐτίμησαν τούτῳ Χείρωνα διὰ δικαιοσύνην. ὁ δὲ λαβὼν ἐχάρη
τῷ δώρῳ καὶ ἐχρῆτο· καὶ ἐγένοντο αὐτῷ μαθηταὶ κυνηγεσίων τε καὶ τῶν
ἄλλων καλῶν. Μειλανίων μὲν τοσοῦτον ὑπερέσχε φιλοπονίᾳ ὥστε ἔτυχεν
5   Ἀταλάντης. Νέστορος δὲ τὴν ἀρετὴν πάντες οἱ Ἕλληνες ἀκηκόασιν ὥστε
τοῖς εἰδόσι λέγω. Τελαμὼν δὲ τοσοῦτος ἐγένετο ὥστε ἐκ μεγάλης πόλεως
τὴν κόρην, ἣν αὐτὸς ἐβούλετο, Περίβοιαν γῆμαι. Ἀντίλοχος δ' ὑπὲρ τοῦ
πατρὸς ἀποθανὼν τοσαύτης ἔτυχεν εὐκλείας ὥστε μόνος φιλοπάτωρ παρὰ
τοῖς Ἕλλησι κληθῆναι. Αἰνείας δὲ σώσας μὲν τοὺς τῆς οἰκίας θεούς, σώσας
10   δὲ καὶ τὸν πατέρα, δόξαν εὐσεβείας ἐκομίσατο ὥστε καὶ οἱ πολέμιοι ἐκεῖνον
ἐτίμησαν. Ἀχιλλεὺς δ' οὕτω καλὰ καὶ μεγάλα μνημεῖα ἔλιπεν ὥστε οὔτε
λέγων οὔτ' ἀκούων περὶ ἐκείνου οὐδεὶς παύεται. οὗτοι δὲ τοιοῦτοι ἐγένοντο
ἐκ τῆς παιδείας τῆς παρὰ Χείρωνος ὥστε εἰ πρὸς τοὺς βαρβάρους πάντας
πάσῃ τῇ Ἑλλάδι πόλεμος ἦν, διὰ τούτους οἱ Ἕλληνες ἐκράτουν. ἐγὼ μὲν οὖν
15   κελεύω τοῖς νέοις μὴ καταφρονεῖν κυνηγεσίων μηδὲ τῆς ἄλλης παιδείας· ἐκ
τούτων γὰρ οἱ νεανίαι γίγνονται τὰ εἰς τὸν πόλεμον ἀγαθοὶ καὶ τὰ ἄλλα ἐξ
ὧν ἀνάγκη καλῶς νοεῖν καὶ λέγειν καὶ πράττειν.

Vocabulary Help for the Reading - Lesson 31

εὕρημα (line 1)   from εὕρημα, -ατος, τό: invention, discovery

Ἀπόλλωνος (line 1)   from Ἀπόλλων, -ωνος, ὁ: Apollo, god of hunting

Ἀρτέμιδος (line 1)   from Ἄρτεμις, -ιδος, ἡ: Artemis, goddess of hunting

ἄγραι (line 1)   from ἄγρᾱ, -ᾱς, ἡ: game, wild prey

κύνες (line 1)   from κύων, κυνός, ὁ or ἡ: dog

ἔδοσαν (line 2)   3rd-pers. pl. aor. act. of δίδωμι, δώσω, ἔδωκα, etc.: give

Χείρωνα (line 2)   from Χείρων, -ωνος, ὁ: Chiron, a kindly centaur

δικαιοσύνην (line 2)   from δικαιοσύνη, -ης, ἡ: uprightness, upright behavior

ἐχρῆτο (line 3)   from χράομαι (*contracts to* η, *not* ᾱ), χρήσομαι, etc. (+ *dat.*): use

ἐγένοντο (line 3)   from γίγνομαι, γενήσομαι, ἐγενόμην, etc.: become; (*aor.*) be

κυνηγεσίων (line 3)   from κυνηγέσιον, -ου, τό: pack of hounds; (*pl.*) hunting

Μειλανίων (line 4)   from Μειλανίων, -ωνος, ὁ: Meilanion

ὑπερέσχε (line 4)   = ὑπερ- + ἔχω: rise above, exceed, outdo, surpass

φιλοπονίᾱ (line 4)   from φιλοπονίᾱ, -ᾱς, ἡ: love of toil, laboriousness

ἔτυχεν (line 4)   from τυγχάνω, τεύξομαι, ἔτυχον, etc. (+ *gen.*): obtain

Ἀταλάντης (line 5)   from Ἀταλάντη, -ης, ἡ: Atalanta (*she defeated all her other suitors in a foot-race; Meilanion distracted her by tossing golden apples*)

Νέστορος (line 5)   from Νέστωρ, -ορος, ὁ: Nestor, long-lived king of Pylos

ἀρετήν (line 5)   from ἀρετή, -ῆς, ἡ: virtue, excellence

Τελαμών (line 6)   from Τελαμών, -ῶνος, ὁ: Telamon, later the father of Ajax

Περίβοιαν (line 7)   from Περίβοια, -ᾱς, ἡ: Periboea, princess of Megara

γῆμαι (line 7)   from γαμέω, γαμῶ, ἔγημα, etc.: take (*a woman*) as a wife, marry

Ἀντίλοχος (line 7)   from Ἀντίλοχος, -ου, ὁ: Antilochus, son of Nestor (*during battle he ran to the aid of his father and was killed defending him*)

εὐκλείᾱς (line 8)   from εὔκλεια, -ᾱς, ἡ: good repute, glory

φιλοπάτωρ (line 8)   from φιλοπάτωρ, -ορος, ὁ or ἡ: person devoted to his/her father

Αἰνείᾱς (line 9)   from Αἰνείᾱς, -ου, ὁ: Aeneas, Trojan prince, son of Anchises (*when Troy was being sacked and burned, he carried his father to safety*)

σώσᾱς (line 9)   from σῴζω, σώσω, ἔσωσα, etc.: save

εὐσεβείᾱς (line 10)   from εὐσέβεια, -ᾱς, ἡ: reverence, piety

Ἀχιλλεύς (line 11)   from Ἀχιλλεύς, -έως, ὁ: Achilles, best of the Greek warriors

μνημεῖα (line 11)   from μνημεῖον, -ου, τό: monument, memorial

παιδείᾱς (line 13)   from παιδείᾱ, -ᾱς, ἡ: upbringing, education

εἰ (line 13)   (*conj.*) if

βαρβάρους (line 13)   from βάρβαρος, -ου, ὁ: a barbarian, a non-Greek

ἐκράτουν (line 14)   from κρατέω, κρατήσω, etc.: conquer, prevail

καταφρονεῖν (line 15)   from καταφρονέω, etc. (+ *gen.*): think little of, disdain

τὰ...καὶ τὰ ἄλλα (line 16)   construe with ἀγαθοί ("in respect to...")

ἀνάγκη (line 17)   from ἀνάγκη, -ης, ἡ (+ *infin.*): (is) a necessity, must come about

νοεῖν (line 17)   from νοέω, νοήσω, etc.: grasp with the mind, comprehend, think

LESSON 32

Comparative and Superlative Degrees of Adjectives and Adverbs; Genitive of Comparison; Partitive Genitive

None Better Than Cyrus

(adapted from Xenophon's *Anabasis* 1.9.1-6)

After spending his youthful days as a follower of Socrates, Xenophon enlisted as a mercenary in the army that Cyrus the Younger had recruited in order to oust his older brother Artaxerxes II from the Persian throne. At Cunaxa in 401 BCE Cyrus was unexpectedly killed in battle; here Xenophon reflects on the upbringing that had helped to make Cyrus a superlative leader.

Κῦρος μὲν οὖν οὕτως ἀπέθανεν, ἀνὴρ ὢν Περσῶν τῶν μετὰ Κῦρον τὸν ἀρχαῖον γενομένων βασιλικώτατός τε καὶ ἄρχειν ἀξιώτατος. πρῶτον μὲν γὰρ ἔτι παῖς ὢν ὅτ' ἐπαιδεύετο καὶ σὺν τῷ ἀδελφῷ καὶ σὺν τοῖς ἄλλοις παισί, πάντων πάντα κράτιστος ἐνομίζετο. πάντες γὰρ οἱ τῶν
5 ἀρίστων Περσῶν παῖδες ἐπὶ ταῖς βασιλέως θύραις παιδεύονται· ἔνθα πολλὴν σωφροσύνην μανθάνουσιν, αἰσχρὸν δ' οὐδὲν οὔτ' ἀκούουσιν οὔτε βλέπουσιν. βλέπουσι δ' οἱ παῖδες καὶ τῑμωμένους ὑπὸ βασιλέως καὶ ἀκούουσι, καὶ ἄλλους ἀτιμαζομένους· ὥστε εὐθὺς παῖδες ὄντες μανθάνουσιν ἄρχειν τε καὶ ἄρχεσθαι. ἔνθα Κῦρος αἰδημονέστατος
10 μὲν τῶν ἡλικιωτῶν ἐδόκει εἶναι, τοῖς τε πρεσβυτέροις καὶ τῶν ἑαυτοῦ ὑποδεεστέρων μᾶλλον πείθεσθαι, φιλιππότατος δὲ καὶ τοῖς ἵπποις ἄριστα χρῆσθαι· ἔκρῑνον δ' αὐτὸν καὶ τῶν εἰς τὸν πόλεμον ἔργων, τοξικῆς τε καὶ ἀκοντίσεως, φιλομαθέστατον εἶναι καὶ μελετηρότατον. ἐπεὶ δὲ τῇ ἡλικίᾳ ἔπρεπε, καὶ φιλοθηρότατος ἦν καὶ πρὸς τὰ θηρία φιλοκινδῡνότατος. καὶ
15 ἄρκτον ποτὲ προσβάλλουσαν οὐκ ἔφυγεν, ἀλλὰ συμπεσὼν κατεσπάσθη ἀπὸ τοῦ ἵππου, καὶ τὰ μὲν ἔπαθεν, ὧν καὶ ὠτειλὰς εἶχε, τέλος δ' ἀπέκτεινε· καὶ τὸν πρῶτον βοηθήσαντα ὅτι μάλιστα ἐτίμησεν.

Vocabulary Help for the Reading - Lesson 32

Κῦρος (line 1)   from Κῦρος, -ου, ὁ: Cyrus, called "the Younger" to distinguish him from Cyrus the Great (6th century BCE), founder of the Persian Empire

Περσῶν (line 1)   from Πέρσης, -ου, ὁ: a Persian, inhabitant of Persia

ἀρχαῖον (line 2)   from ἀρχαῖος, -ā, -ον: old, former, original

βασιλικώτατος (line 2)   from βασιλικός, -ή, -όν: kingly, regal

ἄρχειν (line 2)   from ἄρχω, ἄρξω, ἦρξα, etc. (+ *gen.*): rule (over)

ὅτ' (line 3)   (*conj.*) when (ὅτ' = *elided form of* ὅτε)

πάντα (line 4)   in respect to all things, in all ways (*accusative of respect*)

κράτιστος (line 4)   from κράτιστος, -η, -ον: best (*in might*), strongest

ἐνομίζετο (line 4)   from νομίζω, νομιῶ, etc.: consider, regard as, acknowlege as

ἀρίστων (line 5)   from ἄριστος, -η, -ον: best (*in ability or worth*)

ἔνθα (line 5)   (*adv.*) there

σωφροσύνην (line 6)   from σωφροσύνη, -ης, ἡ: temperance, self-control

μανθάνουσιν (line 6)   from μανθάνω, etc.: learn; (+ *infin.*) learn how (to)

ἀτῑμαζομένους (line 8)   from ἀτῑμάζω, ἀτῑμάσω: hold in no honor, dishonor

εὐθύς (line 8)   (*adv.*) immediately; (+ *ptcple.*) right from the time when

αἰδημονέστατος (line 9)   from αἰδήμων, -ον: modest, respectful

ἡλικιωτῶν (line 10)   from ἡλικιώτης, -ου, ὁ: person equal in age (*partitive gen.*)

ἐδόκει (line 10)   from δοκέω, δόξω, ἔδοξα, etc. (+ *complem. infin.*): seem (to)

πρεσβυτέροις (line 10)   from πρεσβύτερος, -ā, -ον: elder

ὑποδεεστέρων (line 11)   from ὑποδεής, -ές: inferior; τῶν...ὑποδεεστέρων = gen. of comparison with μᾶλλον ("to obey X more than [the...inferior] obey X")

φιλιππότατος (line 11)   from φίλιππος, -ον: horse-loving, fond of horses

χρῆσθαι (line 12)   from χράομαι (*contracts to* η, *not* ᾱ), etc. (+ *dat.*): use, manage

τοξικῆς (line 12)   from τοξική, -ῆς, ἡ: use of the bow, archery

ἀκοντίσεως (line 13)   from ἀκόντισις, -εως, ἡ: use of the spear, spear-throwing

φιλομαθέστατον (line 13)   from φιλομαθής, -ές: fond of learning

μελετηρότατον (line 13)   from μελετηρός, -ά, -όν: diligent about practicing

ἔπρεπε (line 14)   from πρέπω, πρέψω, etc. (*impers. subj.* + *dat.*): be fitting (for)

φιλοθηρότατος (line 14)   from φιλόθηρος, -ον: fond of hunting

θηρία (line 14)   from θηρίον, -ου, τό: wild animal, beast, game

φιλοκινδῡνότατος (line 14)   from φιλοκίνδῡνος, -ον: fond of danger, daring

ἄρκτον (line 15)   from ἄρκτος, -ου, ἡ: bear

συμπεσών (line 15)   from συμπίπτω, -πεσοῦμαι, συνέπεσον, etc.: meet in battle

κατεσπάσθη (line 15)   from κατασπάω, -σπάσω, etc.: pull down, drag down

ἔπαθεν (line 16)   from πάσχω, πείσομαι, ἔπαθον, etc.: suffer; τὰ μέν = "some things" (*i.e., some injuries*)

ὠτειλάς (line 16)   from ὠτειλή, -ῆς, ἡ: scar

τέλος (line 16)   (*adv.*) in the end, at last, finally

βοηθήσαντα (line 17)   from βοηθέω, etc.: come to offer aid, come to the rescue

LESSON 33

Irregular Comparative and Superlative Degrees of Adjectives and Adverbs; -υς,
-εια, -υ Adjectives; Dative of Degree of Difference

View from the Top

(adapted from Xenophon's *Anabasis* 4.7.21-27)

*When Cyrus the Younger is killed in Mesopotamia, having failed to seize the
Persian throne from his brother, the 10,000 Greek mercenaries serving in Cyrus'
army are left with no job and no commander. Eventually Xenophon is chosen to
lead them back to Europe; heading northwest, they fight their way through hostile
tribes in the mountains of Armenia and Pontus, longing to reach the Black Sea.*

Καὶ ἀφικνοῦνται ἐπὶ τὸ ὄρος τῇ πέμπτῃ ἡμέρᾳ· ὄνομα δὲ τῷ ὄρει
ἦν Θήχης. ἐπεὶ δ' οἱ πρῶτοι ἐγένοντο ἐπὶ τοῦ ὄρους, βοὴ πολλὴ ἐγένετο.
ἀκούσαντι δὲ τῷ Ξενοφῶντι ἐδόκουν ἄλλοι πολέμιοι προσβάλλειν·
ἐπειδὴ δ' ἡ βοὴ πλείων τ' ἐγίγνετο καὶ ἐγγύτερον καὶ οἱ στρατιῶται
5   ἔτρεχον ἐπὶ τοὺς ἀεὶ βοῶντας καὶ πολλῷ μείζων ἐγίγνετο ἡ βοὴ ὅσῳ
πλείους ἐγίγνοντο, ἐδόκει μεῖζόν τι εἶναι τῷ Ξενοφῶντι, καὶ ἀναβὰς ἐφ'
ἵππον καὶ τοὺς ἱππέας λαβὼν ἐβοήθει· καὶ ἐν ὀλίγῳ χρόνῳ ἀκούουσι
βοώντων τῶν στρατιωτῶν, Θάλαττα θάλαττα. τότ' ἔτρεχον πάντες καὶ οἱ
ὀπισθοφύλακες, καὶ τὰ ὑποζύγια ἠλαύνετο καὶ οἱ ἵπποι.

10   ἐπεὶ δ' ἀφίκοντο πάντες ἐπὶ τὸ ἄκρον, ἐνταῦθα περιέβαλλον
ἀλλήλους καὶ στρατηγοὺς καὶ λοχαγοὺς δακρύοντες. καὶ ἐξαπίνης
ὅτου κελεύσαντος οἱ στρατιῶται φέρουσι λίθους καὶ ποιοῦσι κολωνὸν
μέγιστον. ἐνταῦθα ἀνετίθεσαν πόλλ' αἰχμάλωτα γέρρα, καὶ ὁ ἡγεμὼν
αὐτός τε κατέτεμνε τὰ γέρρα καὶ ἐκέλευε τοῖς στρατιώταις πλείω
15   κατατέμνειν. μετὰ ταῦτα τὸν ἡγεμόνα οἱ Ἕλληνες ἀποπέμπουσι δῶρα
δόντες ἀπὸ κοινοῦ ἵππον καὶ καλλίστην φιάλην καὶ πολλὰς δραχμάς· ᾔτει
δὲ μάλιστα τοὺς δακτυλίους, καὶ ἔλαβε πολλοὺς παρὰ τῶν στρατιωτῶν.
τὴν δ' ὁδὸν δείξᾱς αὐτοῖς τὴν εἰς τοὺς Μάκρωνας, ἐπεὶ ἑσπέρᾱ ἐγένετο,
εἰς τὴν ἑαυτοῦ χώρᾱν πάλιν ἔσπευσεν.

Vocabulary Help for the Reading - Lesson 33

ὄρος (line 1)   from ὄρος, -ους, τό: mountain

πέμπτη (line 1)   from πέμπτος, -η, -ον: fifth

Θήχης (line 2)   from Θήχης, -ου, ὁ: Theches (*in northeastern Turkey*)

βοή (line 2)   from βοή, -ῆς, ἡ: loud cry, shout, shouting

Ξενοφῶντι (line 3)   from Ξενοφῶν, -ῶντος, ὁ: Xenophon

ἐδόκουν (line 3)   from δοκέω, δόξω, ἔδοξα, etc. (+ *complem. infin.*): seem (to)

ἐγγύτερον (line 4)   comparative degree of ἐγγύς (*adv.*): near

στρατιῶται (line 4)   from στρατιώτης, -ου, ὁ: soldier

ἔτρεχον (line 5)   from τρέχω, δραμοῦμαι, ἔδραμον, etc.: run

βοῶντας (line 5)   from βοάω, βοήσω, ἐβόησα, —, —, —: cry out, shout

ὅσῳ (line 5)   from ὅσος, -η, -ον: as much as; ὅσῳ = "by the degree to which"

ἀναβάς (line 6)   aor. ptcple. of ἀναβαίνω, ἀναβήσομαι, ἀνέβην, etc.: mount

ἱππέᾱς (line 7)   from ἱππεύς, -έως, ὁ: horseman, cavalryman; (*pl.*) cavalry

ἐβοήθει (line 7)   from βοηθέω, etc.: go to offer aid, go to the rescue

ὀπισθοφύλακες (line 9)   from ὀπισθοφύλακες, -ων, οἱ: rearguard

ὑποζύγια (line 9)   from ὑποζύγιον, -ου, τό: beast of burden, baggage animal

ἠλαύνετο (line 9)   from ἐλαύνω, etc.: set in motion, drive, ride; (*mid.*) gallop

ἄκρον (line 10)   from ἄκρον, -ου, τό: highest point, peak, summit

ἐνταῦθα (line 10)   (*adv.*) there

περιέβαλλον (line 10)   = περι- + βάλλω: embrace, hug

ἀλλήλους (line 11)   from ἀλλήλων, -οις/-αις, -ους/-ᾱς/-α: one another

λοχᾱγούς (line 11)   from λοχᾱγός, -οῦ, ὁ: officer, captain of a company of soldiers

δακρύοντες (line 11)   from δακρύω, δακρύσω, ἐδάκρῡσα, etc.: weep, shed tears

ἐξαπίνης (line 11)   (*adv.*) suddenly

ὅτου (line 12)   from ὅστις, ἥτις, ὅ τι (*indef. rel. pron.*): someone or other

κολωνόν (line 12)   from κολωνός, -οῦ, ὁ: hill, heap, pile

ἀνετίθεσαν (line 13)   imperf. of ἀνατίθημι, etc.: offer up (*to the gods*), dedicate

αἰχμάλωτα (line 13)   from αἰχμάλωτος, -ον: captured, seized from the enemy

γέρρα (line 13)   from γέρρον, -ου, τό: wicker shield used by the Macronians

ἡγεμών (line 13)   from ἡγεμών, -όνος, ὁ: guide (*here = a local man hired to guide the Greeks to Mt. Theches; he hates the Macronians, a neighboring tribe*)

κατέτεμνε (line 14)   from κατατέμνω, κατατεμῶ, etc.: cut into pieces, cut up

ἀποπέμπουσι (line 15)   = ἀπο- + πέμπω: send back (*i.e., to his home*)

δόντες (line 16)   aor. act. ptcple. of δίδωμι, δώσω, ἔδωκα, etc.: give

φιάλην (line 16)   from φιάλη, -ης, ἡ: drinking-bowl

ᾔτει (line 16)   from αἰτέω, αἰτήσω, ᾔτησα, etc.: ask for, request

δακτυλίους (line 17)   from δακτύλιος, -ου, ὁ: ring, signet-ring

δείξᾱς (line 18)   from δείκνῡμι, δείξω, ἔδειξα, etc.: show, point out

Μάκρωνας (line 18)   from Μάκρωνες, -ων, οἱ: Macronians, a tribe living in
     Pontus

LESSON 34

Numerals

The Numbers Are What Count

(adapted from Demosthenes' *Philippics* 1.19-22, 28-29)

In this speech to the assembly (351 BCE), Demosthenes urges the Athenians to do more to oppose Philip II and put a stop to his expansion of the Macedonian empire. He first proposes that they prepare a fleet of 50 triremes, which will be ready to meet Philip in battle if he invades. Then, in this passage, he proposes the creation of a special military force to engage in guerrilla warfare against Philip.

Πρὸ δὲ τούτων δύναμίν τιν', ὦ ἄνδρες Ἀθηναῖοι, παρασκευάζειν ὑμᾶς δεῖ, ἣ συνεχῶς πολεμήσει καὶ κακῶς Φίλιππον ποιήσει. μὴ μῡρίους μηδὲ δισμῡρίους ξένους, ἀλλὰ δύναμιν ἣ τῆς πόλεως ἔσται. καὶ τροφὴν ταύτῃ παρασκευάζειν κελεύω. ἔσται δ' αὕτη τίς ἡ δύναμις καὶ πόση, καὶ
5 πόθεν τὴν τροφὴν ἕξει, καὶ πῶς ταῦτ' ἐθελήσει ποιεῖν; ἐγὼ φράσω καθ' ἕκαστον τούτων. λέγω τοὺς πάντας στρατιώτᾱς δισχῑλίους, τούτων δ' Ἀθηναίους δεῖ πεντακοσίους εἶναι, χρόνον τακτὸν στρατευομένους· τοὺς δ' ἄλλους ξένους εἶναι κελεύω. καὶ μετὰ τούτων ἱππέᾱς διᾱκοσίους, καὶ τούτων πεντήκοντα Ἀθηναίους τοὐλάχιστον. εἶεν· τί πρὸς τούτοις ἔτι;
10 ταχείᾱς τριήρεις δέκα· δεῖ γάρ, ἔχοντος ἐκείνου ναυτικόν, καὶ ταχείαις τριήρεσι τὴν δύναμιν φυλάττειν.

ἴσως δὲ ταῦτα μὲν ὀρθῶς ὑμῖν δοκεῖ λέγεσθαι, τὸ δε τῶν χρημάτων, πόσα καὶ πόθεν ἔσται, μάλιστα βούλεσθ' ἀκοῦσαι. τοῦτο καὶ φράσω. χρήματα τοίνυν· ἔστι μὲν ἡ τροφὴ τῇ δυνάμει ταύτῃ τάλαντα ἐνενήκοντα
15 καὶ μῑκρόν τι πρός· δέκα μὲν τριήρεσι ταχείαις τετταράκοντα τάλαντα, εἴκοσιν εἰς τὴν τριήρη μναῖ τοῦ μηνὸς ἑκάστου· στρατιώταις δὲ δισχῑλίοις τὰ αὐτά, εἰ δέκα τοῦ μηνὸς ὁ στρατιώτης δραχμὰς σῑτηρέσιον λαμβάνει· τοῖς δ' ἱππεῦσι διᾱκοσίοις οὖσιν, εἰ τριάκοντα δραχμὰς ἕκαστος λαμβάνει τοῦ μηνός, δώδεκα τάλαντα. ἐγὼ δ' ἐθελοντὴς συμπλεῖν τοῖς
20 ἄλλοις στρατιώταις ἕτοιμός εἰμι.

Vocabulary Help for the Reading - Lesson 34

πρό (line 1)   (*prep. + gen.*) on behalf of (*i.e., to support the actions just proposed*)

δύναμιν (line 1)   from δύναμις, -εως, ἡ: military force, troops

Ἀθηναῖοι (line 1)   from Ἀθηναῖος, -ᾱ, -ον: Athenian

παρασκευάζειν (line 1)   from παρασκευάζω, etc.: provide, furnish

δεῖ (line 2)   from δεῖ, δεήσει, etc. (+ *acc. & infin.*): it is necessary (for...to...)

συνεχῶς (line 2)   from συνεχής, -ές: continuous, continual

πολεμήσει (line 2)   from πολεμέω, πολεμήσω, etc.: make war on

Φίλιππον (line 2)   from Φίλιππος, -ου, ὁ: Philip II, father of Alexander the Great

μή (line 2)   supply παρασκευάζειν from the preceding sentence

ξένους (line 3)   here = "mercenaries" (*i.e., non-Athenian soldiers*)

τροφήν (line 3)   from τροφή, -ῆς, ἡ: food, provision, maintenance

πόση (line 4)   from πόσος, -η, -ον: of what size/quantity? how large? how much?

φράσω (line 5)   from φράζω, φράσω, ἔφρασα, etc.: tell, declare, explain

ἕκαστον (line 6)   from ἕκαστος, -η, -ον: each, every

στρατιώτᾱς (line 6)   from στρατιώτης, -ου, ὁ: soldier

τακτόν (line 7)   from τακτός, -ή, -όν: ordered, prescribed, fixed

στρατευομένους (line 7)   from στρατεύω, etc.: (*mid.*) serve as a soldier

ἱππέᾱς (line 8)   from ἱππεύς, -έως, ὁ: horseman, cavalryman; (*pl.*) cavalry

τοὐλάχιστον (line 9)   = τὸ ἐλάχιστον (*for crasis, see Lesson 42*): at a minimum

εἶεν (line 9)   (*particle indicating a transition*) well then, so far so good

πρός (line 9)   here = "in addition to"

ταχείᾱς (line 10)   from ταχύς, -εῖα, -ύ: fast, quick, swift

ναυτικόν (line 10)   from ναυτικός, -ή, -όν: naval; (*neut. substantive*) navy, fleet

ἴσως (line 12)   (*adv.*) perhaps, probably

ὀρθῶς (line 12)   from ὀρθός, -ή, -όν: straight, right, correct

δοκεῖ (line 12)   from δοκέω, δόξω, ἔδοξα, etc. (+ *complem. infin.*): seem (to)

χρημάτων (line 12)   from χρῆμα, -ατος, τό: thing; (*pl.*) money (τὸ...τῶν = "as to the matter of the..."—*acc. of respect*)

βούλεσθ' (line 13)   = βούλεσθε (*elided because Demosthenes avoids hiatus*)

τοίνυν (line 14)   (*postpositive particle*) therefore, then

τάλαντα (line 14)   from τάλαντον, -ου, τό: talent (*a sum of money = 60 minas*)

πρός (line 15)   (*adv.*) in addition, over and above

μναῖ (line 16)   from μνᾶ (= μνάᾱ), -ᾶς, ἡ: mina (*a sum of money = 100 drachmas*)

μηνός (line 16)   from μήν, μηνός, ὁ: month

εἰ (line 17)   (*conj.*) if

σῑτηρέσιον (line 17)   from σῑτηρέσιον, -ου, τό: money for buying food, food allowance

ἐθελοντής (line 19)   from ἐθελοντής, -οῦ, ὁ: volunteer

συμπλεῖν (line 19)   from συμπλέω, συμπλεύσομαι, etc. (+ *dat.*): sail together (with)

ἕτοιμος (line 20)   from ἕτοιμος, -η, -ον (+ *infin.*): ready (to)

LESSON 35

Subjunctive Mood: Present, Aorist, Perfect Tenses; Active, Middle, Passive Voices;
Independent Uses of the Subjunctive: Hortatory, Prohibitive, Deliberative

Time To Quit the Quarreling

(adapted from Thucydides' *History of the Peloponnesian War* 4.61-65)

*During the Peloponnesian War between Athens and Sparta, the Greek cities of
Sicily were also fighting one another; the Athenians had sent troops to the island
to assist the cities with which they had alliances. In 424 BCE delegates from all the
Greek cities in Sicily met at Gela; it was the Syracusan Hermocrates who delivered
the most influential speech. The passage below is from its conclusion.*

Ὑμῶν δὲ μηδεὶς νομίσῃ τοὺς Ἀθηναίους πιστοὺς συμμάχους
εἶναι. χρὴ ἡμᾶς καὶ ἰδιώτην ἰδιώτῃ καταλλαγῆναι καὶ πόλιν πόλει,
καὶ πειρᾶσθαι κοινῇ σῴζειν τὴν πᾶσαν Σικελίαν. τὴν δ' ὑπὸ πάντων
ὁμολογουμένην ἄριστον εἶναι εἰρήνην, πῶς οὐ χρὴ καὶ ἐν ἡμῖν αὐτοῖς
5 ποιήσασθαι; καὶ νῦν τοὺς πολεμίους ἐκ τῆς χώρας ἀποπέμπωμεν, καὶ
αὐτοὶ μάλιστα μὲν ἐς ἀίδιον συμβῶμεν, εἰ δὲ μή, χρόνον ὡς πλεῖστον
σπεισάμενοι τὰς ἰδίας διαφορὰς ἐς αὖθις ἀναβαλώμεθα.

κἀγὼ μὲν ἐθέλω ἡττᾶσθαι. τοὺς δ' ἄλλους δικαιῶ ταὐτό μοι
ποιῆσαι, οὐδὲν γὰρ αἰσχρὸν οἰκείους οἰκείων ἡττᾶσθαι, ἢ Δωριέα τινὰ
10 Δωριέως ἢ Χαλκιδέα τῶν συγγενῶν, γείτονας δ' ὄντας καὶ συνοίκους μιᾶς
χώρας καὶ ὄνομα ἓν κεκλημένους Σικελιώτας. μαχούμεθά τε καὶ εἰρήνην
γε πάλιν ποιησόμεθα καθ' ἡμᾶς· τοὺς δ' ἀλλοφύλους προσβαλόντας
ἀθρόοι ἀεί, εἰ σωφρονήσομεν, ἀμυνούμεθα. συμμάχους δὲ μήποτε τὸ
λοιπὸν ἐπαγαγώμεθα.

15 τοιαῦτα τοῦ Ἑρμοκράτους εἰπόντος, πειθόμενοι πάντες οἱ
Σικελιῶται ὡμολόγησαν ἀπαλλάττεσθαι τοῦ πολέμου, ἔχοντες ἃ ἕκαστοι
ἔχουσιν.

Vocabulary Help for the Reading - Lesson 35

νομίσῃ (line 1)   from νομίζω, νομιῶ, ἐνόμισα, etc. (+ *infin.*): believe, consider

πιστούς (line 1)   from πιστός, -ή, -όν: trustworthy, reliable

χρή (line 2)   necessity; (+ *infin.*, *implied* ἐστί) it is necessary (*for someone*) (to)

ἰδιώτην (line 2)   from ἰδιώτης, -ου, ὁ: private citizen, individual

καταλλαγῆναι (line 2)   = κατα- + ἀλλάττω (+ *dat.*): reconcile (with)

πειρᾶσθαι (line 3)   from πειράω, πειράσω, etc. (+ *infin.*): try (to), attempt (to)

κοινῇ (line 3)   in common, jointly (*dat. fem. of* κοινός, -ή, -όν *used as adv.*)

Σικελίᾱν (line 3)   from Σικελίᾱ, -ᾱς, ἡ: Sicily

ὁμολογουμένην (line 4)   from ὁμολογέω, etc. (+ *infin.*): agree (to), concede (to)

ἄριστον (line 4)   pred. adj. ἀρίστην might be expected, but here = "the best thing"

ἀποπέμπωμεν (line 5)   = ἀπο- + πέμπω: send away

ἀΐδιον (line 6)   from ἀΐδιος, -ον: everlasting, permanent (ἐς ἀΐδιον = εἰς ἀΐδιον "for a permanent length of time"); here μάλιστα = "at the most"

συμβῶμεν (line 6)   aor. subj. of συμβαίνω, etc.: come to terms, reach an agreement

εἰ δὲ μή (line 6)   (*conj.* + *neg. adv.*) but if not

σπεισάμενοι (line 7)   from σπένδω, σπείσω, etc.: pour a libation, make a truce

ἰδίᾱς (line 7)   from ἴδιος, -ᾱ, -ον: private, one's own, personal

διαφορᾱς (line 7)   from διαφορά, -ᾱς, ἡ: difference, disagreement

αὖθις (line 7)   (*adv.*) again, hereafter, later (ἐς αὖθις = εἰς αὖθις)

ἀναβαλώμεθα (line 7)   = ἀνα- + βάλλω: put off, defer, postpone

ἡττᾶσθαι (line 8)   from ἡττάομαι, etc. (+ *gen.*): give way (to), yield, concede

δικαιῶ (line 8)   from δικαιόω, δικαιώσω, etc.: deem right, consider just

ταὐτό (line 8)   = τὸ αὐτό (*for crasis, see Lesson 42*); *construe with* μοι ("as me")

οἰκείους (line 9)   from οἰκεῖος, -ᾱ, -ον: belonging to the same family, kin, related

Δωριέᾱ (line 9)   from Δωριεύς, -έως, ὁ: Dorian (*Syracuse and other cities in SE Sicily had been colonized by Dorian Greeks*)

Χαλκιδέᾱ (line 10)   from Χαλκιδεύς, -έως, ὁ: Chalcidian (*cities in NE Sicily had been colonized by Ionian Greeks from Chalcis on the island of Euboea*)

συγγενῶν (line 10)   from συγγενής, -ές: descended from the same line, kin, related

γείτονας (line 10)   from γείτων, -ονος, ὁ or ἡ: neighbor

συνοίκους (line 10)   from σύνοικος, -ον: dwelling together; (*subst.*) co-inhabitant

Σικελιώτᾱς (line 11)   from Σικελιώτης, -ου, ὁ: Sicilian (ὄνομα = "by name")

ἀλλοφύλους (line 12)   from ἀλλόφῡλος, -ον: belonging to another tribe, foreign

ἀθρόοι (line 13)   from ἀθρόος, -ᾱ, -ον: en masse, all together, as a whole

σωφρονήσομεν (line 13)   from σωφρονέω, etc.: be prudent, be sensible

ἀμῡνούμεθα (line 13)   from ἀμύνω, ἀμυνῶ, etc.: ward off, repel

ἐπαγαγώμεθα (line 14)   = ἐπι- + ἄγω: bring in, invite

Ἑρμοκράτους (line 15)   from Ἑρμοκράτης, -ους, ὁ: Hermocrates

ἀπαλλάττεσθαι (line 16)   = ἀπο- + ἀλλάττω: set free; (*mid.* + *gen.*) cease (from)

ἕκαστοι (line 16)   from ἕκαστος, -η, -ον: each, every

LESSON 36

Optative Mood: Present, Future, Aorist, Perfect Tenses; Active, Middle, Passive
Voices; Independent Uses of the Optative: Wishes, Potential Optative

How To Keep Grandpa in Good Spirits

(adapted from Xenophon's *Cyropaedia* 1.3.10-11)

*The Cyropaedia is filled with anecdotes about the younger years of Cyrus, future
king of Persia. When his mother takes him to Media to visit her father, King
Astyages, the boy is astonished by the Medes' luxurious lifestyle. Here he lectures
his grandfather (who loves hearing what the precocious youth has to say) on how
the Medes act when they are tipsy.*

Ὑμᾶς ἑώρων καὶ ταῖς γνώμαις καὶ τοῖς σώμασι σφαλλομένους.
πρῶτον μὲν γὰρ ἃ οὐκ ἐᾶτε ἡμᾶς τοὺς παῖδας ποιεῖν, ταῦτ' αὐτοὶ
ἐποιεῖτε. πάντες μὲν γὰρ ἅμα ἐκράζετε, ἐμανθάνετε δ' οὐδὲν ἀλλήλων,
ᾔδετε δὲ καὶ μάλα γελοίως· οὐκ ἀκούοντες δὲ τοῦ ᾄδοντος ᾐνεῖτε ᾠδήν·
5 λέγων δ' ἕκαστος ὑμῶν τὴν ἑαυτοῦ ῥώμην, οὐδ' ὀρχεῖσθαι ἐν ῥυθμῷ,
οὐδ' ὀρθοῦσθαι εἴχετε. ἐπελέλησθε δὲ πάντως σύ θ' ὅτι βασιλεὺς ἦσθα,
οἵ τ' ἄλλοι ὅτι σὺ ἄρχων. οὔποτε γὰρ ἐσιωπᾶτε. καὶ ὁ Ἀστυάγης λέγει·
Ὁ δὲ σὸς πατήρ, ὦ παῖ, πίνων οὐ μεθύσκεται; Οὐ μὰ Δί', εἶπεν. διψῶν
παύεται, ἄλλῳ δὲ κακῷ οὐδενὶ χρῆται· οὐ γάρ, ὦ πάππε, ὁ Σάκας σου
10 αὐτῷ οἰνοχοεῖ. καὶ ἡ μήτηρ εἶπεν· Ἀλλὰ τί σύ, ὦ παῖ, τῷ Σάκᾳ οὕτω
πολέμιος εἶ; ὁ δὲ Κῦρος εἶπεν· Ὅτι μισῶ αὐτόν· πολλάκις γάρ με πρὸς τὸν
πάππον βουλόμενον ἐλθεῖν οὗτος ὁ ἔχθιστος κωλύει. εἴθε παράσχοις μοι,
ὦ πάππε, τρεῖς ἡμέρᾱς ἄρξαι αὐτοῦ. καὶ ὁ Ἀστυάγης εἶπε· Καὶ πῶς ἂν
ἄρξαις αὐτοῦ; καὶ ὁ Κῦρος εἶπε· Φυλάττοιμι ἂν ὥσπερ οὗτος ἐπὶ τῇ θύρᾳ,
15 καὶ αὐτῷ βουλομένῳ ἐλθεῖν ἐπ' ἄριστον, λέγοιμι ἄν, Οὔπω ἔχεις ἐπ'
ἄριστον ἐλθεῖν· σπουδάζει γὰρ πρός τινας. καὶ αὐτῷ βουλομένῳ ἐλθεῖν
ἐπὶ τὸ δεῖπνον, λέγοιμι ἄν, Λοῦται. καὶ αὐτῷ σπεύδοντι φαγεῖν, εἴποιμι
ἄν, Παρὰ ταῖς γυναιξίν ἐστιν. παρατείναιμι ἂν τοῦτον ὥσπερ οὗτος ἐμὲ
παρατείνει ἀπὸ σοῦ κωλύων.

Vocabulary Help for the Reading - Lesson 36

γνώμαις (line 1)   from γνώμη, -ης, ἡ: thought, mind, judgment

σφαλλομένους (line 1)   from σφάλλω, etc.: throw (*in wrestling*); (*pass.*) stagger

ἐᾶτε (line 2)   from ἐάω, ἐάσω, εἴασα, etc. (+ *infin.*): permit (to), allow (to)

ἅμα (line 3)   (*adv.*) at the same time

ἐκράζετε (line 3)   from κράζω, κεκράξομαι: yell, shriek, talk loudly

ἐμανθάνετε (line 3)   from μανθάνω, μαθήσομαι, ἔμαθον, etc.: understand

ἀλλήλων (line 3)   from ἀλλήλων, -οις/-αις, -ους/-ᾱς/-α: one another

ᾔδετε (line 4)   from ᾄδω, ᾄσομαι, ᾖσα, —, ᾖσμαι, ᾔσθην: sing

γελοίως (line 4)   from γέλοιος, -ᾱ, -ον: laughable, causing laughter

ᾐνεῖτε (line 4)   from αἰνέω, αἰνήσω, ᾔνεσα, etc.: speak in praise of, praise

ᾠδήν (line 4)   from ᾠδή, -ῆς, ἡ: song

ἕκαστος (line 5)   from ἕκαστος, -η, -ον: each, every

ῥώμην (line 5)   from ῥώμη, -ης, ἡ: bodily strength, might, power

ὀρχεῖσθαι (line 5)   from ὀρχέομαι, ὀρχήσομαι, ὠρχησάμην, etc.: dance

ῥυθμῷ (line 5)   from ῥυθμός, -οῦ, ὁ: rhythm, time

ὀρθοῦσθαι (line 6)   from ὀρθόω, ὀρθώσω, etc.: set upright; (*mid.*) stand up

ἐπελέλησθε (line 6)   pluperf. of ἐπιλανθάνομαι, etc.: forget (+ ὅτι "that...")

ἄρχων (line 7)   from ἄρχω, ἄρξω, ἦρξα, ἦρχα, etc. (+ *gen.*): rule (over)

ἐσιωπᾶτε (line 7)   from σιωπάω, σιωπήσομαι, etc.: be silent, keep still

Ἀστυάγης (line 7)   from Ἀστυάγης, -ους, ὁ: Astyages

πίνων (line 8)   from πίνω, πίομαι, ἔπιον, πέπωκα, πέπομαι, ἐπόθην: drink

μεθύσκεται (line 8)   from μεθύσκω, μεθύσω, etc.: intoxicate, inebriate

μὰ Δί' (line 8)   by Zeus (*particle* μά + *acc. sg. of* Ζεύς, Διός, ὁ; Δί' = *elided* Δία)

διψῶν (line 8)   from διψάω, διψήσω, ἐδίψησα, etc.: be thirsty

πάππε (line 9)   from πάππος, -ου, ὁ: grandfather

Σάκᾱς (line 9)   from Σάκᾱς, -ου, ὁ: Sacas, Astyages' cupbearer and doorkeeper

οἰνοχοεῖ (line 10)   from οἰνοχοέω, οἰνοχοήσω, ᾠνοχόησα, etc.: pour out wine

Κῦρος (line 11)   from Κῦρος, -ου, ὁ: Cyrus

μῖσῶ (line 11)   from μῑσέω, μῑσήσω, ἐμῑσησα, etc.: hate

ἐλθεῖν (line 12)   from ἔρχομαι, ἐλεύσομαι, ἦλθον, etc.: go

κωλύει (line 12)   from κωλύω, κωλύσω, etc.: hinder, prevent, block

παράσχοις (line 12)   = παρα- + ἔχω (+ *infin.*): grant the power (to), allow (to)

ὥσπερ (line 14)   (*adv.*) just as

ἄριστον (line 15)   from ἄριστον, -ου, τό: breakfast

σπουδάζει (line 16)   from σπουδάζω, σπουδάσομαι, etc.: be busy, be occupied

λοῦται (line 17)   from λούω, λούσω, ἔλουσα, λέλουκα, etc.: wash, bathe

φαγεῖν (line 17)   from ἐσθίω, ἔδομαι, ἔφαγον, etc.: eat

γυναιξίν (line 18)   from γυνή, γυναικός, ἡ: woman, wife

παρατείναιμι (line 18)   from παρατείνω, παρατενῶ, παρέτεινα, etc.: torture

LESSON 37

Conditions

Doing His Best To Be a Pest

(adapted from Plato's *Apology* 29c-31a)

On trial for impiety and for corrupting the youth of Athens, Socrates adopts a novel defense strategy: he tells the Athenians that they are actually blessed to have him there in the city as a constant irritant.

Εἴ μοι εἴποιτε· Ὦ Σώκρατες, νῦν μὲν Ἀνύτῳ οὐ πεισόμεθα
ἀλλ' ἀφίεμέν σε, ἐπὶ τούτῳ μέντοι, ἐφ' ᾧτε μηκέτι ἐν ταύτῃ τῇ ζητήσει
διατρίβειν μηδὲ φιλοσοφεῖν· ἐὰν δ' ἁλῷς ἔτι τοῦτο πράττων, ἀποθανῇ—εἰ
οὖν με ἐπὶ τούτοις ἀφεῖτε, εἴποιμι ἂν ὑμῖν· Ἐγὼ ὑμᾶς, ὦ ἄνδρες Ἀθηναῖοι,
5 ἀσπάζομαι μὲν καὶ φιλῶ, πείσομαι δὲ μᾶλλον τῷ θεῷ ἢ ὑμῖν, καὶ ἐὰν
ἐμπνέω, οὐ μὴ παύσωμαι φιλοσοφῶν καὶ ὑμῖν παρακελευόμενος.

εὖ γὰρ ἴστε, ἐάν με ἀποκτείνητε τοιοῦτον ὄντα οἷον ἐγὼ λέγω,
οὐκ ἐμὲ μείζω βλάψετε ἢ ὑμᾶς αὐτούς· ἐὰν γάρ με ἀποκτείνητε, οὐ
ῥᾳδίως ἄλλον τοιοῦτον εὑρήσετε, προσκείμενον τῇ πόλει ὑπὸ τοῦ θεοῦ
10 ὥσπερ ἵππῳ μεγάλῳ μὲν καὶ γενναίῳ, ὑπὸ μεγέθους δὲ νωθεστέρῳ καὶ
δεομένῳ ἐγείρεσθαι ὑπὸ μύωπός τινος· οἷόν μοι δοκεῖ ὁ θεὸς ἐμὲ τῇ πόλει
προστεθηκέναι τοιοῦτόν τιν' ὃς ὑμᾶς ἐγείρων καὶ πείθων καὶ ὀνειδίζων
ἕν' ἕκαστον οὐ παύομαι τὴν πᾶσαν ἡμέραν πανταχοῦ προσκαθίζων.
τοιοῦτος οὖν ἄλλος οὐ ῥᾳδίως ὑμῖν γενήσεται, ὦ ἄνδρες, ἀλλ' ἐὰν ἐμοὶ
15 πείθησθε, φείσεσθέ μου· ὑμεῖς δ' ἴσως ἀχθόμενοι, ὥσπερ οἱ νυστάζοντες
ἐγειρόμενοι, κρούσαιτε ἄν με, πειθόμενοι Ἀνύτῳ, καὶ ῥᾳδίως ἂν
ἀποκτείναιτε· εἶτα τὸν λοιπὸν βίον καθεύδοντες διατελοῖτε ἄν, εἰ μή τιν'
ἄλλον ὁ θεὸς ὑμῖν πέμψειε κηδόμενος ὑμῶν.

Vocabulary Help for the Reading - Lesson 37

Ἀνύτῳ (line 1)   from Ἄνυτος, -ου, ὁ: Anytus, one of those prosecuting Socrates

ἀφίεμεν (line 2)   pres. indic. (*with fut. sense*) of ἀφίημι, ἀφήσω, ἀφῆκα, etc.:
   send away, dismiss, let go (*aor. opt.* ἀφεῖτε *is used in line 4*)

ἐπὶ τούτῳ...ἐφ' ᾧτε (line 2)   (+ *infin.*) on the condition (to), on condition that you
   (*literally,* "on this on which"; ᾧτε = *old form of* ᾧ *with enclitic suffix*)

μέντοι (line 2)   (*postpositive particle*) however

ζητήσει (line 2)   from ζήτησις, -εως, ἡ: investigation, inquiry (*refers to Socrates'*
   god-given mission to examine other people's claims to be wise)

διατρίβειν (line 3)   from διατρίβω, διατρίψω, διέτρῑψα, etc.: pass time

φιλοσοφεῖν (line 3)   from φιλοσοφέω, φιλοσοφήσω, etc.: practice philosophy

ἁλῷς (line 3)   aor. subj. of ἁλίσκομαι, ἁλώσομαι, ἑάλων, etc.: be caught

ἀσπάζομαι (line 5)   from ἀσπάζομαι, etc.: embrace, salute, respect

ἐμπνέω (line 6)   from ἐμπνέω (-έω *does not contract*), etc.: breathe, live, be alive

οὐ μή (line 6)   introduces an emphatic denial in subjunctive mood (*see Lesson*
   50)

παρακελευόμενος (line 6)   = παρα- + κελεύω (*deponent*): advise, exhort

ἴστε (line 7)   perf. indic. (*with pres. sense*) of οἶδα, εἴσομαι, etc.: know

τοιοῦτον...οἷον (line 7)   of such a sort as (+ *rel. clause*) (οἷος, -ᾱ, -ον "such as")

προσκείμενον (line 9)   pres. ptple. of deponent μι-verb πρόσκειμαι, etc. (+ *dat.*):
   be placed upon, be attached to, be assigned to

ὥσπερ (line 10)   (*adv.*) just as, as if

γενναίῳ (line 10)   from γενναῖος, -ᾱ, -ον: noble, high-born

μεγέθους (line 10)   from μέγεθος, -ους, τό: size (ὑπό = "because of")

νωθεστέρῳ (line 10)   from νωθής, -ές: sluggish, lazy, slothful

δεομένῳ (line 11)   from δέομαι, etc. (+ *infin.*): need (to), have need (to)

ἐγείρεσθαι (line 11)   from ἐγείρω, ἐγερῶ, ἤγειρα, etc.: wake up, rouse, stir up

μύωπος (line 11)   from μύωψ, -ωπος, ὁ: horsefly, gadfly

οἷον...τοιοῦτον (lines 11-12)   of such a sort as that (*i.e., as was just described*)

δοκεῖ (line 11)   from δοκέω, δόξω, etc. (+ *complem. infin.*): seem (to)

προστεθηκέναι (line 12)   perf. infin. of προστίθημι, etc.: attach to, assign to

ὀνειδίζων (line 12)   from ὀνειδίζω, ὀνειδιῶ, etc.: reproach, upbraid

ἕκαστον (line 13)   from ἕκαστος, -η, -ον: each, every

πανταχοῦ (line 13)   (*adv.*) everywhere

προσκαθίζων (line 13)   from προσκαθίζω, etc.: sit down by, settle on (*like a fly*)

φείσεσθε (line 15)   from φείδομαι, φείσομαι (+ *gen.*): spare, show mercy (to)

ἀχθόμενοι (line 15)   from ἄχθομαι, etc.: be annoyed, be vexed

νυστάζοντες (line 15)   from νυστάζω, etc.: nod (*in sleep*), nap, slumber

κρούσαιτε (line 16)   from κρούω, κρούσω, ἔκρουσα, etc.: strike, hit, swat

εἶτα (line 17)   (*adv.*) and then, and so, consequently

καθεύδοντες (line 17)   from καθεύδω, etc.: sleep, be asleep

διατελοῖτε (line 17)   from διατελέω, etc. (+ *suppl. ptcple.*): continue, keep on

κηδόμενος (line 18)   from κήδω, etc.: worry; (*pass.* + *gen.*) be worried (about)

LESSON 38

Conditional Relative Clauses, Relative Adverbs

A Hit-or-Miss Approach

(adapted from Demosthenes' *Philippics* 1.40-51)

Demosthenes continues to chastise the Athenians for their apathy. He is frustrated that they have no plan for dealing with the military aggressiveness of Philip II; the Macedonian king makes all the moves, and they merely react.

Ὑμεῖς δ᾽, ὦ ἄνδρες Ἀθηναῖοι, πλείστην δύναμιν πάντων ἔχοντες—τριήρεις, στρατιώτᾱς, ἱππέᾱς, χρήματα—, τούτων μὲν μέχρι τῆς τήμερον ἡμέρᾱς οὐδενὶ καλῶς κέχρησθε, οὐ δὲ παύεσθε, ὥσπερ οἱ βάρβαροι πυκτεύουσιν, οὕτω μαχόμενοι Φιλίππῳ· καὶ γὰρ ὁ βάρβαρος
5 πληγεὶς ἀεὶ τῆς πληγῆς ἔχεται, κἂν ἑτέρωσε πλήξῃς, ἐκεῖσ᾽ εἰσὶν αἱ χεῖρες· προβάλλεσθαι δ᾽ ἢ βλέπειν ἐναντίον οὔτ᾽ οἶδεν οὔτ᾽ ἐθέλει. καὶ ὑμεῖς, ἐὰν ἐν Χερρονήσῳ πύθησθε Φίλιππον, ἐκεῖσε βοηθεῖν ψηφίζεσθε, ἂν ἐν Πύλαις, ἐκεῖσε, ἂν ἄλλοθι, συμπαραθεῖτε ἄνω κάτω. ἀλλ᾽ οὐ παύσεται, δῆλον, εἰ μή τις κωλύει.

10 οὐκ ἐπὶ τὴν ἐκείνου χώρᾱν πλευσόμεθα αὐτοὶ σὺν μέρει γέ τινι στρατιωτῶν Ἀθηναίων νῦν; ὅποι μὲν γὰρ ἂν μέρος τι τῆς πόλεως πεμφθῇ, κἂν μὴ πᾶσα, καὶ ἡ τῶν θεῶν προθῡμίᾱ καὶ ἡ τῆς τύχης συναγωνίζεται· ὅποι δ᾽ ἂν στρατηγὸν καὶ ψήφισμα κενὸν πέμψητε, οὐδὲν ὑμῖν τῶν δεόντων γίγνεται. ὅταν γὰρ ἡγῆται μὲν ὁ στρατηγὸς ἀναξίων ξένων, οἱ
15 μὲν ἐχθροὶ ἐφ᾽ ἡμῖν γελῶσιν, οἱ δὲ σύμμαχοι δεινῶς φοβοῦνται.

ἐγὼ μὲν οὖν οὔποτε πρὸς χάριν εἱλόμην λέγειν ὅ τι ἂν μὴ καὶ συνοίσειν πεπεισμένος ὦ, νῦν θ᾽ ἃ γιγνώσκω πάντ᾽ ἀληθῶς εἴρηκα. νῑκῴη δ᾽ ὅ τι πᾶσι μέλλει συνοίσειν.

Vocabulary Help for the Reading - Lesson 38

δύναμιν (line 1)   from δύναμις, -εως, ἡ: military might, capability, resources

ἱππέας (line 2)   from ἱππεύς, -έως, ὁ: horseman, cavalryman; (*pl.*) cavalry

μέχρι (line 2)   (*prep. + gen.*) until, up to

ὥσπερ (line 3)   (*adv.*) just as, exactly as, in the very way

βάρβαροι (line 4)   from βάρβαρος, -ου, ὁ: a barbarian, a non-Greek

πυκτεύουσιν (line 4)   from πυκτεύω, πυκτεύσω, etc.: practice boxing, box

Φιλίππῳ (line 4)   from Φίλιππος, -ου, ὁ: Philip

πληγῆς (line 5)   from πληγή, -ῆς, ἡ: a blow, hit, punch

ἔχεται (line 5)   here = "holds on to" or "clutches at" (+ *partitive gen.*)

κἄν (line 5)   and if, even if (= καὶ ἄν *or* καὶ ἐάν; *for crasis, see Lesson 42*)

ἑτέρωσε (line 5)   (*adv.*) to the other side, on the other side

ἐκεῖσ' (line 5)   (*adv.*) to there, there (= ἐκεῖσε—*elided because Demosthenes avoids hiatus; cf.* πάντ' *in line 17*)

χεῖρες (line 6)   from χείρ, χειρός, ἡ: hand

προβάλλεσθαι (line 6)   = προ- + βάλλω (*mid.*): put (*fists*) up, defend oneself

ἐναντίον (line 6)   from ἐναντίος, -ᾱ, -ον: opposite; (*as a substantive*) opponent

οἶδεν (line 6)   perf. (*with pres. sense*) of οἶδα, etc. (+ *infin.*): know how (to)

Χερρονήσῳ (line 7)   from Χερρόνησος, -ου, ἡ: Chersonese, peninsula in Thrace

πύθησθε (line 7)   from πυνθάνομαι, πεύσομαι, ἐπυθόμην, etc.: hear about, learn of

βοηθεῖν (line 7)   from βοηθέω, βοηθήσω, etc.: go to offer aid, go to the rescue

ψηφίζεσθε (line 7)   from ψηφίζω, ψηφιῶ, ἐψήφισα, etc.: vote, vote for

Πύλαις (line 8)   from Πύλαι, -ων, αἱ: Thermopylae, mountain pass in Thessaly

ἄλλοθι (line 8)   (*adv.*) at another place, in another place

συμπαραθεῖτε (line 8)   from συμπαραθέω (+ *dat.*): run alongside, keep pace with

ἄνω κάτω (line 8)   (*adv.*) up down, upwards downwards

κωλύει (line 9)   from κωλύω, κωλύσω, ἐκώλυσα, etc.: hinder, prevent, block

πλευσόμεθα (line 10)   from πλέω, πλεύσομαι, ἔπλευσα, etc.: sail, go by sea

μέρει (line 10)   from μέρος, -ους, τό: part, share, portion

συναγωνίζεται (line 12)   from συναγωνίζομαι, etc.: fight alongside

ψήφισμα (line 13)   from ψήφισμα, -ατος, τό: proposition carried by vote, decree

κενόν (line 13)   from κενός, -ή, -όν: empty, vain, futile

δεόντων (line 14)   from δεῖ, etc.: be necessary (τὸ δέον = "what is needed")

ἡγῆται (line 14)   from ἡγέομαι, ἡγήσομαι, ἡγησάμην, —, ἥγημαι, — (+ *gen.*): lead

ξένων (line 14)   here = non-Athenian soldiers serving as mercenaries

πρὸς χάριν (line 16)   i.e., in order to win favor with those hearing the speech

εἱλόμην (line 16)   from αἱρέω, αἱρήσω, εἷλον, etc.: take; (*mid.*) choose

συνοίσειν (line 17)   from συμφέρω, συνοίσω, etc.: be useful, be expedient

γιγνώσκω (line 17)   from γιγνώσκω, γνώσομαι, etc.: know (*by observing*)

νῑκῴη (line 17)   subject of this verb = the clause beginning with ὅ τι

LESSON 39

Purpose Clauses

General Guidelines

(adapted from Xenophon's *Memorabilia* 3.2)

In one of Xenophon's reminiscences of Socrates, the philosopher gives a lesson in leadership to a newly elected general whom he happens to meet.

Ἐντυχὼν δέ ποτε στρατηγεῖν ἡρημένῳ τῳ, Τοῦ χάριν, ὁ
Σωκράτης εἶπεν, ὑφ᾽ Ὁμήρου ἐκλήθη ὁ Ἀγαμέμνων ποιμὴν λαῶν; ἆρά γ᾽
ὅτι, ὥσπερ τὸν ποιμένα δεῖ ἐπιμελεῖσθαι, ὅπως σῶαί τ᾽ ἔσονται αἱ οἶες καὶ
τὰ ἐπιτήδεια ἕξουσι καί, οὗ χάριν τρέφονται, τοῦτ᾽ ἔσται, οὕτω καὶ τὸν
5   στρατηγὸν ἐπιμελεῖσθαι δεῖ, ὅπως σῶοί θ᾽ οἱ στρατιῶται ἔσονται καὶ τὰ
ἐπιτήδεια ἕξουσι καί, οὗ χάριν στρατεύονται, τοῦτ᾽ ἔσται; στρατεύονται
δ᾽, ἵνα κρατοῦντες τῶν πολεμίων εὐδαιμονέστεροι ὦσιν. ἢ τί οὕτως ὁ
Ὅμηρος ἐπήνεσε τὸν Ἀγαμέμνονα εἰπών·

ἀμφότερον βασιλεύς τ᾽ ἀγαθὸς κρατερός τ᾽ αἰχμητής;

10 ἆρά γ᾽ ὅτι αἰχμητής τε κρατερὸς ἂν εἴη, οὐκ εἰ μόνος αὐτὸς εὖ
μάχοιτο τοῖς πολεμίοις, ἀλλ᾽ εἰ καὶ παντὶ τῷ στρατοπέδῳ τούτου αἴτιος
εἴη, καὶ βασιλεὺς ἀγαθός, οὐκ εἰ μόνον τοῦ ἑαυτοῦ βίου καλῶς ἄρχοι,
ἀλλ᾽ εἰ καί, ὧν βασιλεύοι, τούτοις εὐδαιμονίας αἴτιος εἴη; καὶ γὰρ
βασιλεὺς αἱρεῖται οὐχ ἵνα ἑαυτοῦ καλῶς ἐπιμελῆται, ἀλλ᾽ ἵνα καὶ οἱ
15 ἑλόμενοι δι᾽ αὐτὸν εὖ πράττωσι· καὶ στρατεύονται δὲ πάντες, ἵνα ὁ
βίος αὐτοῖς ὡς βέλτιστος ᾖ, καὶ στρατηγοὺς αἱροῦνται τούτου χάριν,
ἵνα πρὸς τοῦτ᾽ αὐτοῖς ἡγεμόνες ὦσιν. δεῖ οὖν τὸν στρατηγοῦντα τοῦτο
παρασκευάζειν τοῖς ἑλομένοις αὐτὸν στρατηγόν· καὶ γὰρ οὔτε κάλλιον
τούτου ἄλλο ῥᾴδιον εὑρεῖν οὔτ᾽ αἴσχιον τοῦ ἐναντίου.

20 καὶ οὕτως ἐπισκοπῶν τίς εἴη ἀγαθοῦ ἡγεμόνος ἀρετή, ὁ Σωκράτης
τὰ μὲν ἄλλα περιῄρει, κατέλιπε δὲ τὸ εὐδαίμονας ποιεῖν ὧν ἂν ἡγῆται.

Vocabulary Help for the Reading - Lesson 39

ἐντυχών (line 1) from ἐντυγχάνω, ἐντεύξομαι, ἐνέτυχον, etc. (+ *dat.*): chance upon, meet with

στρατηγεῖν (line 1) from στρατηγέω, στρατηγήσω, etc.: serve as a general

ᾑρημένῳ (line 1) from αἱρέω, αἱρήσω, εἷλον, ᾕρηκα, ᾕρημαι, ᾑρέθην: take; (*mid.*) choose; (*pass.* + *infin.*) be chosen (to)

Ὁμήρου (line 2) from Ὅμηρος, -ου, ὁ: Homer, epic poet

Ἀγαμέμνων (line 2) from Ἀγαμέμνων, -ονος, ὁ: Agamemnon

ποιμήν (line 2) from ποιμήν, -ένος, ὁ: shepherd, herdsman

λαῶν (line 2) from λᾱός (*Attic* λεώς), -οῦ, ὁ: the people, common soldiers

ἆρα (line 2) particle introducing a question; ἆρά γ᾽ ὅτι here and in line 10 can be translated as "is it because...?" or "is it for the reason that...?"

ὥσπερ (line 3) (*adv.*) just as

δεῖ (line 3) from δεῖ, δεήσει, etc. (+ *acc.*, *infin.*): it is necessary (for...to...), one must

ἐπιμελεῖσθαι (line 3) from ἐπιμελέομαι, etc. (+ *gen.*): take care (of); (+ ὅπως "that" *and fut. indic.; for effort clauses, see Lesson 45*) take care (that)

σῶαι (line 3) from σῶς (= σώος), σῶν (*pl.* σῶοι, -αι, -α): safe, alive and well

οἶες (line 3) from οἶς, οἰός, ὁ or ἡ: sheep

ἐπιτήδεια (line 4) from ἐπιτήδειος, -ᾱ, -ον: necessary; (*subst.*) necessities of life

τρέφονται (line 4) from τρέφω, θρέψω, ἔθρεψα, etc.: rear, breed, nurture

τοῦτ᾽ ἔσται (line 4) i.e., their purpose in life will be fulfilled

στρατεύονται (line 6) from στρατεύω, etc.: wage war; (*mid.*) serve as a soldier

κρατοῦντες (line 7) from κρατέω, κρατήσω, etc. (+ *gen.*): prevail (over), conquer

ἐπήνεσε (line 8) from ἐπαινέω, ἐπαινέσω, ἠπήνεσα, etc.: praise, commend

ἀμφότερον (line 9) (*adv.*) in both respects, equally (*quoted from Iliad 3.179*)

κρατερός (line 9) from κρατερός, -ά, -όν: strong, mighty

αἰχμητής (line 9) from αἰχμητής, -οῦ, ὁ: spearman, warrior

παντὶ...τούτου αἴτιος (line 11) "being responsible for this in regard to all"; toward all his men he bears the responsibility of making them good soldiers

βασιλεύοι (line 13) from βασιλεύω, etc. (+ *gen.*): be king (of), rule (over)

εὐδαιμονίᾱς (line 13) from εὐδαιμονίᾱ, -ᾱς, ἡ: happiness

ἡγεμόνες (line 17) from ἡγεμών, -όνος, ὁ: leader, commander

εὑρεῖν (line 19) = subject of implied ἐστί ("it is easy to find neither a thing...")

ἐναντίου (line 19) from ἐναντίος, -ᾱ, -ον: opposite

ἐπισκοπῶν (line 20) from ἐπισκοπέω, etc.: look over, examine, reflect on

τίς εἴη...ἀρετή (line 20) = indirect question with optative option

ἀρετή (line 20) from ἀρετή, -ῆς, ἡ: virtue, excellence

περιῄρει (line 21) from περιαιρέω, περιαιρήσω, etc.: take off, strip away, remove

κατέλιπε (line 21) from καταλείπω, καταλείψω, etc.: leave behind

τὸ εὐδαίμονας ποιεῖν (line 21) the virtue of making (*someone*) happy (*articular infinitive, explained in Lesson 43*)

ἡγῆται (line 21) from ἡγέομαι, ἡγήσομαι, etc. (+ *gen.*): lead, be leader (of)

LESSON 40

εἰμι; Indirect Discourse with ὅτι/ὡς

What Next?

(adapted from Xenophon's *Anabasis* 2.1.2-6)

The Greek mercenaries hired by Cyrus the Younger to help overthrow his brother, Artaxerxes II, have just won a battle at Cunaxa and are ready to pursue the Persian king's army and continue the fight. Their mission has to be reevaluated, however, when they receive the shocking news that Cyrus has been killed.

Ἅμα δὲ τῇ ἡμέρᾳ συνελθόντες οἱ στρατηγοὶ ἐθαύμαζον ὅτι
Κῦρος οὔτ' ἄλλον πέμπει δηλώσοντα ὅ τι χρὴ ποιεῖν οὔτ' αὐτὸς φαίνοιτο.
ἔδοξεν οὖν αὐτοῖς συσκευασαμένοις ἃ εἶχον καὶ ἐξοπλισαμένοις
προϊέναι ἕως Κύρῳ συμμείξειαν. ἤδη δ' ἐν ὁρμῇ ὄντων ἦλθον ἄγγελοι.
5 οὗτοι ἔλεγον ὅτι Κῦρος μὲν τέθνηκεν, Ἀριαῖος δὲ πεφευγὼς ἐν τῷ σταθμῷ
εἴη μετὰ τῶν ἄλλων βαρβάρων ὅθεν τῇ προτεραίᾳ ὡρμῶντο, καὶ λέγει ὅτι
ταύτην μὲν τὴν ἡμέραν μένοι αὐτούς, εἰ βούλοιντο ἐλθεῖν, τῇ δ' ἄλλῃ
ἀπίοι εἰς Ἰωνίαν, ὅθεν ἦλθεν.

ταῦτ' ἀκούσαντες οἱ στρατηγοὶ καὶ οἱ ἄλλοι Ἕλληνες βαρέως
10 ἔφερον. Κλέαρχος δὲ τάδ' εἶπεν· Ἀλλ' ὤφελε μὲν Κῦρος ζῆν· ἐπεὶ δὲ
τέθνηκεν, ἀπαγγέλλετε Ἀριαίῳ ὅτι ἡμεῖς νικῶμέν τε βασιλέα καί, ὡς
ὁρᾶτε, οὐδεὶς ἔτι ἡμῖν μάχεται, καί, εἰ μὴ ὑμεῖς ἤλθετε, ἐδιώκομεν ἂν
τὸν βασιλέα. φράζομεν δ' Ἀριαίῳ ὅτι, ἐὰν ἐνθάδε ἔλθῃ, εἰς τὸν θρόνον
καθιοῦμεν αὐτόν· τῶν γὰρ μάχην νικώντων καὶ τὸ ἄρχειν ἐστίν. ταῦτ'
15 εἰπὼν ἀποπέμπει τοὺς ἀγγέλους.

οἱ μὲν ἄγγελοι ᾖσαν, Κλέαρχος δ' αὐτοὺς ἔμενεν. οἱ δὲ στρατιῶται,
οὔτε σίτου οὔτε ξύλων αὐτοῖς ὄντων, τὰ ὑποζύγια ἔκοπτον, καὶ μικρὸν
προϊόντες ἀφ' οὗ ἡ μάχη ἐγένετο, πολλάς τ' ἀσπίδας ξυλίνᾱς καὶ πολλοὺς
οἰστοὺς ηὕρισκον, οἷς πᾶσι ξύλοις ἐχρῶντο ἐκείνην τὴν ἡμέρᾱν.

Vocabulary Help for the Reading - Lesson 40

ἅμα (line 1)   (*prep.* + *dat.*) at the same time with (+ τῇ ἡμέρᾳ = "at daybreak")

συνελθόντες (line 1)   = συν- + ἔρχομαι: come together, assemble, meet

ἐθαύμαζον (line 1)   from θαυμάζω, etc. (+ ὅτι): marvel (that), be amazed (that)

Κῦρος (line 2)   from Κῦρος, -ου, ὁ: Cyrus

χρή (line 2)   (*indecl.*) necessity; (+ *infin.*, implied ἐστί) there is need (to)

ἔδοξεν (line 3)   from δοκέω, δόξω, etc. (+ *infin.*): it seems good (*to someone*) (to)

συσκευασαμένοις (line 3)   from συσκευάζω, etc.: make ready; (*mid.*) pack up

ἐξοπλισαμένοις (line 3)   from ἐξοπλίζω, etc.: arm completely; (*mid.*) arm oneself

προϊέναι (line 4)   = προ- + εἶμι: go forth, advance

ἕως (line 4)   (*conj.*) until (+ *same moods/tenses as in the protasis of a condition*)

συμμείξειαν (line 4)   aor. opt. of συμμειγνύω, etc. (+ *dat.*): join forces (with)

ὁρμῇ (line 4)   from ὁρμή, -ῆς, ἡ: setting out (*supply* αὐτῶν *with* ὄντων, *gen. absol.*)

Ἀριαῖος (line 5)   from Ἀριαῖος, -ου, ὁ: Ariaeus, a Persian second-in-command after Cyrus, who led all of the non-Greek troops in Cyrus' army

σταθμῷ (line 5)   from σταθμός, -οῦ, ὁ: halting-place, resting-place

βαρβάρων (line 6)   from βάρβαρος, -ου, ὁ: a barbarian, a non-Greek

προτεραίᾳ (line 6)   from προτεραῖος, -ᾱ, -ον: preceding (*supply* ἡμέρᾳ)

ὡρμῶντο (line 6)   from ὁρμάω, ὁρμήσω, etc.: set in motion; (*mid.*) set out, start

τῇ...ἄλλη (line 7)   here = "the following" (*supply* ἡμέρᾳ)

ἀπίοι (line 8)   = ἀπο- + εἶμι: go back (*Ariaeus offers to lead the Greeks, along with his non-Greek troops, back through Asia Minor if they wish to go home*)

Ἰωνίαν (line 8)   from Ἰωνία, -ας, ἡ: Ionia, region on the west coast of Asia Minor

βαρέως (line 9)   from βαρύς, -εῖα, -ύ: heavy, grievous

Κλέαρχος (line 10)   from Κλέαρχος, -ου, ὁ: Clearchus, a Spartan general who had command of all the Greek troops in Cyrus' army

ὤφελε (line 10)   aor. of ὀφείλω ("owe"), used with infin. to express an unattainable wish ("he ought to be... [but is not]" = "if only he were..."; *see Lesson 48*)

ἀπαγγέλλετε (line 11)   = ἀπο- + ἀγγέλλω: carry a report back, say in reply

ἐνθάδε (line 13)   (*adv.*) to this place, hither, here

θρόνον (line 13)   from θρόνος, -ου, ὁ: throne

καθιοῦμεν (line 14)   from καθίζω, καθιῶ, etc.: seat, set, place (*Clearchus offers the mercenaries' service to Ariaeus if he wishes to usurp Artaxerxes II*)

τὸ ἄρχειν (line 14)   the power to rule (*for articular infin. see Lesson 43*); construe with τῶν...νῑκώντων ("is of the ones who..." = "belongs to those who...")

ἀποπέμπει (line 15)   = ἀπο- + πέμπω: send away, send back, dismiss

σίτου (line 17)   from σῖτος, -ου, ὁ: grain, food

ξύλων (line 17)   from ξύλον, -ου, τό: wood, firewood, piece of wood

ὑποζύγια (line 17)   from ὑποζύγιον, -ου, τό: baggage animal

ἔκοπτον (line 17)   from κόπτω, κόψω, ἔκοψα, κέκοφα, κέκομμαι, ἐκόπην: chop, butcher

ξυλίνᾱς (line 18)   from ξύλινος, -η, -ον: of wood, wooden

οἰστούς (line 19)   from οἰστός, -οῦ, ὁ: arrow

LESSON 41

φημί; Indirect Discourse with Infinitive

Laws Worth Listening To

(adapted from Plato's *Crito* 51c-52d)

Crito comes to visit Socrates in prison and offers to help his convicted friend escape and go into exile rather than accept the death penalty. Socrates imagines what the Laws would say to him if he let Crito persuade him to flee from Athens.

Σκόπει τοίνυν, ὦ Σώκρατες, φαῖεν ἂν ἴσως οἱ νόμοι, εἰ ἡμεῖς
ταῦτα ἀληθῆ λέγομεν, ὅτι οὐ δίκαια ἡμᾶς ἐπιχειρεῖς πράττειν ἃ νῦν
ἐπιχειρεῖς. ἡμεῖς γάρ σε γεννήσαντες, ἐκθρέψαντες, παιδεύσαντες, ὅμως
προαγορεύομεν Ἀθηναίων τῷ βουλομένῳ, ἐπειδὰν ἴδῃ τὰ ἐν τῇ πόλει
5   πράγματα καὶ ἡμᾶς τοὺς νόμους, ᾧ ἂν μὴ ἀρέσκωμεν ἡμεῖς, ἐξεῖναι
λαβόντα τὰ αὑτοῦ ἀπιέναι ὅποι ἂν βούληται. καὶ οὐδεὶς ἡμῶν ἐμποδών
ἐστιν οὐδ᾽ ἀπαγορεύει, ἐάν τις βούληται ὑμῶν εἰς ἀποικίᾱν ἰέναι, εἰ
μὴ ἀρέσκοιμεν ἡμεῖς τε καὶ ἡ πόλις. ὃς δ᾽ ἂν ὑμῶν παραμείνῃ, τὸν μὴ
πειθόμενον τριχῇ φαμεν ἀδικεῖν, ὅτι τε γεννηταῖς οὖσιν ἡμῖν οὐ πείθεται,
10   καὶ ὅτι τροφεῦσι, καὶ ὅτι ὁμολογήσᾱς ἡμῖν πείσεσθαι οὔτε πείθεται οὔτε
πείθει ἡμᾶς, εἰ μὴ καλῶς τι ποιοῦμεν. ταύταις φαμὲν καὶ σέ, ὦ Σώκρατες,
ταῖς αἰτίαις ἐνέξεσθαι, εἰ ποιήσεις ἃ ἐπινοεῖς, καὶ οὐχ ἥκιστα Ἀθηναίων
σέ, ἀλλ᾽ ἐν τοῖς μάλιστα. οὐ γὰρ ἄν ποτε τῶν ἄλλων Ἀθηναίων πάντων
διαφερόντως ἐν τῇ πόλει ἐπεδήμεις, εἰ μή σοι διαφερόντως ἤρεσκε, καὶ
15   οὔτ᾽ ἐπὶ θεωρίᾱν πώποτ᾽ ἐκ τῆς πόλεως ἐξῆλθες, οὔτ᾽ ἄλλοσε οὐδαμόσε,
εἰ μή ποι στρατευσόμενος, οὔτ᾽ ἄλλην ἀποδημίᾱν ἐποιήσω πώποθ᾽ ὥσπερ
οἱ ἄλλοι ἄνθρωποι, οὐδ᾽ ἐπιθῡμίᾱ σε ἄλλης πόλεως οὐδ᾽ ἄλλων νόμων
ἔλαβεν, ἀλλ᾽ ἡμεῖς σοι ἱκανοὶ ἦμεν καὶ ἡμετέρᾱ πόλις. πρῶτον μὲν οὖν
ἡμῖν τοῦτ᾽ αὐτὸ ἀπόκρῑναι, εἰ ἀληθῆ λέγομεν φάσκοντές σε ὡμολογηκέναι
20   πολῑτεύεσθαι καθ᾽ ἡμᾶς, ἢ οὐκ ἀληθῆ. τί φῶμεν πρὸς ταῦτ᾽, ὦ Κρίτων;
μὴ ὁμολογῶμεν;

Vocabulary Help for the Reading - Lesson 41

σκόπει (line 1)   from σκοπέω, etc.: consider, reflect on (+ ὅτι "the fact that")

τοίνυν (line 1)   (*postpositive particle*) therefore, then

πράττειν (line 2)   here used with two types of acc. dir. obj. ("to do X against Y")

ἐπιχειρεῖς (line 3)   from ἐπιχειρέω, etc. (+ *infin*.): undertake (to), attempt (to)

γεννήσαντες (line 3)   from γεννάω, etc.: beget, give birth to

ἐκθρέψαντες (line 3)   from ἐκτρέφω, ἐκθρέψω, etc.: bring up from childhood, rear

ὅμως (line 3)   (*particle*) nevertheless (*shows that preceding ptcples. are concessive*)

προαγορεύομεν (line 4)   from προαγορεύω, etc.: declare publicly, proclaim (*introduces indir. disc. with infin.* ἐξεῖναι *in line 5*)

τῷ βουλομένῳ (line 4)   "to the one who wishes" (*dative with* ἐξεῖναι *in line 5*)

ᾧ ἂν μὴ ἀρέσκωμεν (line 5)   = conditional rel. clause modifying τῷ βουλομένῳ

ἀρέσκωμεν (line 5)   from ἀρέσκω, ἀρέσω, etc. (+ *dat*.): be pleasing (to), please

ἐξεῖναι (line 5)   = ἐξ- + εἶναι (+ *dat., infin*.): it is possible (to), it is allowed (to)

ἀπιέναι (line 6)   = ἀπο- + ἰέναι (= *subj. of* ἐξεῖναι ["it is allowed to go away"]; *supply* τὸν βουλόμενον ἀπιέναι, *modified by* λαβόντα, *as subj. of* ἀπιέναι)

ἐμποδών (line 6)   (*adv*.) in the way, obstructing, preventing

ἀπαγορεύει (line 7)   from ἀπαγορεύω, etc.: forbid, prohibit

ἀποικίᾱν (line 7)   from ἀποικία, -ᾱς, ἡ: colony, settlement

παραμείνῃ (line 8)   = παρα- + μένω: remain at (*our*) side, remain at home

τριχῇ (line 9)   (*adv*.) triply, in three ways (*each way is explained with a* ὅτι *clause*)

γεννηταῖς (line 9)   from γεννητής, -οῦ, ὁ: one who begets, a parent

τροφεῦσι (line 10)   from τροφεύς, -έως, -ὁ: one who rears, a nurturer (*after* τροφεῦσι *supply* οὖσιν ἡμῖν οὐ πείθεται *from the previous clause*)

ὁμολογήσᾱς (line 10)   from ὁμολογέω, etc.: agree, concur; (+ *infin*.) agree (to)

ἐνέξεσθαι (line 12)   = ἐν- + ἔχω (*mid. + dat*.): be liable (to), be subject (to)

ἐπινοεῖς (line 12)   from ἐπινοέω, etc.: have in mind, think of, plan, intend

ἐν τοῖς (line 13)   added to strengthen a superlative ("[be liable] among the most")

οὐ...ἄν...ἐπεδήμεις (lines 13-14)   apodosis of contrary-to-fact condition (*protasis* = εἰ μή...ἤρεσκε), followed by statements of fact in the rest of the sentence

διαφερόντως (line 14)   (*adv. + gen*.) differently (from), exceptionally (more than)

ἐπεδήμεις (line 14)   from ἐπιδημέω, etc.: be at home, stay at home

θεωρίᾱν (line 15)   from θεωρία, -ᾱς, ἡ: viewing a spectacle, attending a festival

πώποτ' (line 15)   (*adv., used mostly in negative sentences*) ever yet (= πώποτε, elided; *cf.* πώποθ' *in line 16*)

ἄλλοσε οὐδαμόσε (line 15)   (*adv*.) to not any other place, to nowhere else

στρατευσόμενος (line 16)   from στρατεύω, etc. (*mid*.): serve (*abroad*) as a soldier

ἀποδημίᾱν (line 16)   from ἀποδημία, -ᾱς, ἡ: being away from home, living abroad

ὥσπερ (line 16)   (*adv*.) just as

ἐπιθῡμίᾱ (line 17)   from ἐπιθῡμία, -ᾱς, ἡ: desire, passion, longing

πολῑτεύεσθαι (line 20)   from πολῑτεύω, etc.: be a citizen; (*mid*.) live as a citizen

Κρίτων (line 20)   from Κρίτων, -ωνος, ὁ: Crito

Indirect Discourse with Participle; Crasis

How Quickly They Forget!

(adapted from Xenophon's *Memorabilia* 1.2.17-21)

Xenophon marvels at how the Athenians could possibly have condemned Socrates for corrupting the youth. He admits that two of his pupils, Critias and Alcibiades, became villains who did huge harm to Athens, but he argues that they were insincere students, who used Socrates only to achieve their political ambitions. That very argument, however, suggests another possible charge against Socrates.

Ἴσως οὖν εἴποι τις ἂν πρὸς ταῦθ' ὅτι ἐχρῆν τὸν Σωκράτη
μὴ πρότερον τὰ πολῑτικὰ διδάσκειν τοὺς φίλους ἢ σωφρονεῖν. ἐγὼ δὲ
πρὸς τοῦτο μὲν οὐκ ἀντιλέγω· πάντας δὲ τοὺς διδάσκοντας ὁρῶ αὐτοὺς
φαίνοντάς τε τοῖς μανθάνουσιν ᾗπερ αὐτοὶ ποιοῦσιν ἃ διδάσκουσι καὶ
5   τῷ λόγῳ πείθοντας. οἶδα δὲ καὶ Σωκράτη φαίνοντα τοῖς φίλοις ἑαυτὸν
καλὸν κἀγαθὸν ὄντα καὶ διαλεγόμενον κάλλιστα περὶ ἀρετῆς.

ἴσως οὖν εἴποιεν ἂν πολλοὶ ὅτι οὐκ ἂν ποθ' ὁ δίκαιος ἄδικος
γένοιτο, οὐδ' ὁ σώφρων ὑβριστής, οὐδ' ἄλλο οὐδὲν ὧν μάθησίς ἐστιν
ὁ μαθὼν ἀνεπιστήμων ἄν ποτε γένοιτο. ἐγὼ δὲ περὶ τούτων οὐχ οὕτω
10   γιγνώσκω. ὁρῶ γὰρ ὥσπερ τὰ τοῦ σώματος ἔργα τοὺς μὴ τὰ σώματα
ἀσκοῦντας οὐ δυναμένους ποιεῖν, οὕτω καὶ τὰ τῆς ψυχῆς ἔργα τοὺς
μὴ τὴν ψυχὴν ἀσκοῦντας οὐ δυναμένους· οὔτε γὰρ ἃ δεῖ πράττειν οὔτε
ὧν δεῖ ἀπέχεσθαι δύνανται. δι' ὃ καὶ τοὺς υἱοὺς οἱ πατέρες, κἂν ὦσι
σώφρονες, ὅμως ἀπὸ τῶν πονηρῶν ἀνθρώπων εἴργουσιν ὡς τὴν μὲν
15   τῶν χρηστῶν ὁμῑλίᾱν ἄσκησιν οὖσαν τῆς ἀρετῆς, τὴν δὲ τῶν πονηρῶν
κατάλυσιν. κἀγὼ δὲ μαρτυρῶ περὶ τούτου· ὁρῶ γὰρ ὥσπερ τῶν ἐν μέτρῳ
πεποιημένων ἐπῶν τοὺς μὴ μελετῶντας ἐπιλανθανομένους, οὕτω καὶ τῶν
διδασκαλικῶν λόγων τοῖς ἀμελοῦσι λήθην ἐγγιγνομένην. ὅταν δὲ τῶν
νουθετικῶν λόγων ἐπιλάθηταί τις, ἐπιλέλησται καὶ ὧν ἡ ψῡχὴ πάσχουσα
20   τῆς σωφροσύνης ἐπεθύμει· τούτων δ' ἐπιλαθόμενόν τιν' οὐδὲν θαυμαστὸν
καὶ τῆς σωφροσύνης ἐπιλαθέσθαι.

Vocabulary Help for the Reading - Lesson 42

ἐχρῆν (line 1) = χρή "need" + ἦν (+ *acc.*, *infin.*) ("he needed to, he should have")

πολῑτικά (line 2) from πολῑτικός, -ή, -όν: political, civic

σωφρονεῖν (line 2) from σωφρονέω, etc.: be moderate, be self-controlled

ἀντιλέγω (line 3) = ἀντι- + λέγω: speak against, contradict, dispute

ᾗπερ (line 4) = ᾗ (*rel. adv.* "in which way, how") + -περ (*enclitic* "just, exactly")

διαλεγόμενον (line 6) from διαλέγω, etc. (*mid.*): have a dialogue, converse

ἀρετῆς (line 6) from ἀρετή, -ῆς, ἡ: virtue, excellence

ὑβριστής (line 8) from ὑβριστής, -οῦ, ὁ: immoderate person, insolent person

ἄλλο οὐδέν (line 8) "[nor would the one who has learned] any other subject"

μάθησις (line 8) from μάθησις, -εως, ἡ: learning, mastery (*of a subject*)

ἀνεπιστήμων (line 9) from ἀνεπιστήμων, -ον: ignorant, unknowing

γιγνώσκω (line 10) from γιγνώσκω, γνώσομαι, etc.: perceive, judge, think

ὥσπερ (line 10) (*adv.*) just as (*parallel with* οὕτω *in line 9*)

ἀσκοῦντας (line 11) from ἀσκέω, etc.: practice, exercise, train

δυναμένους (line 11) from δύναμαι, etc. (+ *infin.*): be able (to), can

δεῖ (line 12) from δεῖ, etc. (+ *infin.*): it is necessary (to) (*use both* πράττειν *and* ἀπέχεσθαι *with both* δεῖ *and* δύνανται)

ἀπέχεσθαι (line 13) = ἀπο- + ἔχω (*mid.* + *gen.*): hold off (from), abstain (from)

ὅμως (line 14) (*particle*) nevertheless

πονηρῶν (line 14) from πονηρός, -ά, -όν: evil, bad, wicked

εἴργουσιν (line 14) from εἴργω, etc.: shut in, keep (ὡς = "on the grounds of")

χρηστῶν (line 15) from χρηστός, -ή, -όν: good, worthy, honest

ὁμῑλίᾱν (line 15) from ὁμῑλίᾱ, -ᾱς, ἡ: companionship, association

ἄσκησιν (line 15) from ἄσκησις, -εως, ἡ: exercise, training, building up

κατάλυσιν (line 16) from κατάλυσις, -εως, ἡ: dissolution, ruin, breakdown

μαρτυρῶ (line 16) from μαρτυρέω, etc.: bear witness, testify, give evidence

μέτρῳ (line 16) from μέτρον, -ου, τό: measure, meter

ἐπῶν (line 17) from ἔπος, -ους, τό: word; (*pl.*) poems, poetry

μελετῶντας (line 17) from μελετάω, etc.: give care to, study, practice, rehearse

ἐπιλανθανομένους (line 17) from ἐπιλανθάνομαι, ἐπιλήσομαι, ἐπελαθόμην, —, ἐπιλέλησμαι, — (+ *gen.*): be forgetful (of), forget

διδασκαλικῶν (line 18) from διδασκαλικός, -ή, -όν: of teaching, of instruction

ἀμελοῦσι (line 18) from ἀμελέω, etc. (+ *gen.*): not care (for), be neglectful (of)

λήθην (line 18) from λήθη, -ης, ἡ: forgetfulness

ἐγγιγνομένην (line 18) from ἐγγίγνομαι, etc. (+ *dat.*): be born in, develop in

νουθετικῶν (line 19) from νουθετικός, -ή, -όν: of admonishing, of warning

ὧν...πάσχουσα (line 19) = τούτων ἃ...πάσχουσα ("the experiences under which [i.e., the state in which] the soul desired σωφροσύνη")

ἐπεθύμει (line 20) from ἐπιθῡμέω, etc. (+ *gen.*): have desire (of), desire

θαυμαστόν (line 20) from θαυμαστός, -ή, -όν: surprising (οὐδέν = "in no way")

LESSON 43

More Uses of the Infinitive; πρίν

Eloquent Words about Eloquence

(adapted from Isocrates' *Antidosis* 253-257)

The long-lived Isocrates (436-338 BCE), known for the school of rhetoric that he founded in Athens, wrote the Antidosis, *an autobiographical speech, when he was 82 years old. In it he not only defends his life and work, but also demonstrates all that the art of speaking enables human beings to accomplish.*

Χρὴ καὶ περὶ τῶν λόγων ἔχειν τὴν αὐτὴν γνώμην ἣν καὶ περὶ
τῶν ἄλλων, καὶ μὴ τοιούτῳ πράγματι προσβάλλειν, ὃ πάντων τῶν ὄντων
ἐν τῇ τῶν ἀνθρώπων φύσει πλείστων ἀγαθῶν αἴτιόν ἐστι. τοῖς μὲν γὰρ
ἄλλοις οἷς ἔχομεν, οὐδὲν τῶν ἄλλων ζῴων διαφέρομεν, ἀλλὰ πολλῶν
5   καὶ τῷ τάχει καὶ τῇ ῥώμῃ καὶ ταῖς ἄλλαις εὐπορίαις καταδεέστεροι
τυγχάνομεν ὄντες· ἐγγενομένου δ' ἡμῖν τοῦ πείθειν ἀλλήλους καὶ
τοῦ δηλοῦν πρὸς ἡμᾶς αὐτοὺς περὶ ὧν ἂν βουληθῶμεν, οὐ μόνον τοῦ
θηριωδῶς ζῆν ἀπηλλάγημεν, ἀλλὰ καὶ συνελθόντες πόλεις ἐποιήσαμεν
καὶ νόμους ἐθέμεθα καὶ τέχνας εὕρομεν, καὶ σχεδὸν πάντα τὰ δι' ἡμῶν
10 μεμηχανημένα λόγος ἡμῖν ἐστιν ὁ συγκατασκευάσας.

οὗτος γὰρ ὁ λόγος περὶ τῶν δικαίων καὶ τῶν ἀδίκων καὶ
τῶν καλῶν καὶ τῶν αἰσχρῶν ἐνομοθέτησεν. τούτῳ καὶ τοὺς κακοὺς
ἐξελέγχομεν καὶ τοὺς ἀγαθοὺς ἐγκωμιάζομεν. διὰ τούτου τούς τ'
ἀνοήτους παιδεύομεν καὶ τοὺς φρονίμους δοκιμάζομεν. τὸ γὰρ λέγειν ὡς
15 δεῖ τοῦ φρονεῖν εὖ μέγιστον σημεῖον ποιούμεθα, καὶ λόγος ἀληθὴς καὶ
δίκαιος ψυχῆς ἀγαθῆς καὶ πιστῆς εἴδωλόν ἐστιν. εἰ δὲ δεῖ συλλήβδην
εἰπεῖν, οὐδὲν τῶν φρονίμως πραττομένων εὑρήσομεν ἀλόγως γιγνόμενον,
ἀλλὰ καὶ τῶν ἔργων καὶ τῶν διανοημάτων πάντων ἡγεμόνα λόγον ὄντα,
καὶ μάλιστα χρωμένους αὐτῷ τοὺς πλεῖστον νοῦν ἔχοντας.

Vocabulary Help for the Reading - Lesson 43

γνώμην (line 1)   from γνώμη, -ης, ἡ: judgment, opinion

πρᾱ́γματι (line 2)   here = "power, faculty, advantage"

φύσει (line 3)   from φύσις, -εως, ἡ: nature

ἄλλοις οἷς ἔχομεν (line 4)   = ἄλλοις ἃ ἔχομεν (ἃ attracted into dat. οἷς)

οὐδέν (line 4)   in no way (neut. acc. sg. of οὐδείς, used adverbially)

διαφέρομεν (line 4)   from διαφέρω, etc. (+ gen., dat.): differ (from...in respect to)

πολλῶν (line 4)   gen. of comparison (construe with καταδεέστεροι in line 5)

τάχει (line 5)   from τάχος, -ους, τό: swiftness, speed, velocity

ῥώμῃ (line 5)   from ῥώμη, -ης, ἡ: bodily strength, might, power

εὐπορίαις (line 5)   from εὐπορίᾱ, -ᾱς, ἡ: easy means of providing, resource

καταδεέστεροι (line 5)   from καταδεής, -ές: lacking (comp. "weaker, inferior")

τυγχάνομεν (line 6)   from τυγχάνω, etc. (+ suppl. ptcple.): happen

ἐγγενομένου (line 6)   = ἐν- + γίγνομαι (+ dat.): be innate in (neut. ptcple. agrees
    with artic. infins. τοῦ πείθειν and τοῦ δηλοῦν—gen. absol.)

ὧν...βουληθῶμεν (line 7)   = τούτων ἃ...βουληθῶμεν (ἃ attracted into gen. ὧν)

θηριωδῶς (line 8)   from θηριώδης, -ες: beast-like, wild, savage, brutal

ἀπηλλάγημεν (line 8)   = ἀπο- + ἀλλάττω (+ gen.): set free (from), release (from)

συνελθόντες (line 8)   = συν- + ἔρχομαι: come together, assemble, meet

ἐθέμεθα (line 9)   aor. mid. of τίθημι, θήσω, ἔθηκα, etc.: lay down, establish, make

σχεδόν (line 9)   (adv.) nearly, almost

μεμηχανημένα (line 10)   from μηχανάομαι, etc.: devise (perf. has pass. sense)

λόγος (line 10)   here and in rest of passage translate as "eloquence" or "speech"

συγκατασκευάσᾱς (line 10)   from συγκατασκευάζω, etc.: help construct, co-
    build

ἐνομοθέτησεν (line 12)   from νομοθετέω, etc.: lay down laws, establish laws

ἐξελέγχομεν (line 13)   from ἐξελέγχω, etc.: convict, confute, silence

ἐγκωμιάζομεν (line 13)   from ἐγκωμιάζω, etc.: praise, laud, extol

ἀνοήτους (line 14)   from ἀνόητος, -ον: unintelligent, ignorant

φρονίμους (line 14)   from φρόνιμος, -ον: intelligent, sensible

δοκιμάζομεν (line 14)   from δοκιμάζω, etc: test, evaluate, scrutinize

φρονεῖν (line 15)   from φρονέω, etc.: think (ὡς δεῖ goes with λέγειν)

σημεῖον (line 15)   from σημεῖον, -ου, τό: sign, proof (goes with τοῦ φρονεῖν εὖ)

ποιούμεθα (line 15)   here = "we regard as, hold to be, consider"

πιστῆς (line 16)   from πιστός, -ή, -όν: trustworthy, reliable

εἴδωλον (line 16)   from εἴδωλον, -ου, τό: outward image, likeness

συλλήβδην (line 16)   (adv.) collectively, in summary, in short

~~ἀλόγως (line 17)   (adv.) without speech~~

διανοημάτων (line 18)   from διανόημα, -ατος, τό: thought, notion

ἡγεμόνα (line 18)   from ἡγεμών, -όνος, ὁ: leader, guide

νοῦν (line 19)   from νοῦς, νοῦ, ὁ: mind, sense (νοῦν ἔχειν = "be sensible")

LESSON 44

Verbal Adjectives in -τέος & -τός

Life in the Temperate Zone

(adapted from Plato's *Gorgias* 507c-508a)

Socrates is at the home of a young Athenian named Callicles, who is hosting a prestigious guest: the Sicilian orator Gorgias. Their conversation about oratory soon morphs into one about ethics, with Callicles expressing the view that the active life of a politician is far superior to the quiet life of a philosopher. This leads them to explore another question: which sort of person, the self-controlled or the undisciplined, is able to be happy? Socrates reveals the answer below.

Ὥστε πολλὴ ἀνάγκη, ὦ Καλλίκλεις, τὸν σώφρονα, δίκαιον ὄντα
καὶ ἀνδρεῖον καὶ ὅσιον, ἀγαθὸν ἄνδρα εἶναι τελέως, τὸν δ᾽ ἀγαθὸν εὖ τε
καὶ καλῶς πράττειν ἃ ἂν πράττῃ, τὸν δ᾽ εὖ πράττοντα μακάριόν τε καὶ
εὐδαίμονα εἶναι, τὸν δὲ πονηρὸν καὶ κακῶς πράττοντα ἄθλιον· οὗτος δ᾽
5   ἂν εἴη ὁ ἐναντίως ἔχων τῷ σώφρονι, ὁ ἀκόλαστος, ὃν σὺ ἐπῄνεις.

ἐγὼ μὲν οὖν ταῦθ᾽ οὕτω νομίζω καὶ φημι ταῦτ᾽ ἀληθῆ εἶναι· εἰ
δ᾽ ἔστιν ἀληθῆ, τὸν βουλόμενον εὐδαίμονα εἶναι σωφροσύνην μὲν
διωκτέον καὶ ἀσκητέον, ἀκολασίαν δὲ φευκτέον, καὶ παρασκευαστέον
μάλιστα μὲν μηδὲν δεῖσθαι τοῦ κολάζεσθαι, ἐὰν δὲ δεηθῇ ἢ αὐτὸς ἢ
10   ἄλλος τις, ἢ ἰδιώτης ἢ πόλις, ἐπιθετέον δίκην καὶ κολαστέον, εἰ μέλλει
εὐδαίμων εἶναι. οὗτος ἔμοιγε δοκεῖ ὁ σκοπὸς εἶναι, πρὸς ὃν βλέποντα δεῖ
ζῆν, καὶ πάντα εἰς τοῦτο καὶ τὰ αὑτοῦ συντείνοντα καὶ τὰ τῆς πόλεως
ὅπως δικαιοσύνη παρέσται καὶ σωφροσύνη τῷ μακαρίῳ μέλλοντι
ἔσεσθαι, οὕτω πράττειν, οὐκ ἐπιθυμίας ἐῶντα ἀκολάστους εἶναι καὶ
15   ταύτας ἐπιχειροῦντα πληροῦν, λῃστοῦ βίον ζῶντα. οὔτε γὰρ ἂν ἄλλῳ
ἀνθρώπῳ φίλος ἂν εἴη ὁ τοιοῦτος οὔτε θεῷ· κοινωνεῖν γὰρ ἀδύνατος· ὅτῳ
δὲ μὴ ἔνεστι κοινωνία, φιλία οὐκ ἂν εἴη. φασὶ δ᾽ οἱ σοφοί, ὦ Καλλίκλεις,
καὶ οὐρανὸν καὶ γῆν καὶ θεοὺς καὶ ἀνθρώπους τὴν κοινωνίαν συνέχειν
καὶ φιλίᾱν καὶ κοσμιότητα καὶ σωφροσύνην καὶ δικαιότητα, καὶ τὸ
20   ὅλον τοῦτο διὰ ταῦτα κόσμον καλοῦσιν, ὦ ἑταῖρε, οὐκ ἀκοσμίᾱν οὐδ᾽
ἀκολασίᾱν.

Vocabulary Help for the Reading - Lesson 44

Καλλίκλεις (line 1)   from Καλλικλῆς, -έους, ὁ: Callicles

ἀνδρεῖον (line 2)   from ἀνδρεῖος, -ᾱ, -ον: manly, brave

ὅσιον (line 2)   from ὅσιος, -ᾱ, -ον: holy, pious, devout

τελέως (line 2)   from τέλεος, -ᾱ, -ον: complete, finished, perfect, absolute

μακάριον (line 3)   from μακάριος, -ᾱ, -ον: blessed, happy

πονηρόν (line 4)   from πονηρός, -ά, -όν: evil, bad, wicked

ἄθλιον (line 4)   from ἄθλιος, -ᾱ, -ον: struggling, wretched, miserable

ἐναντίως (line 5)   from ἐναντίος, -ᾱ, -ον (+ *dat.*): opposite (to) (ἔχων = "existing")

ἀκόλαστος (line 5)   from ἀκόλαστος, -ον: unpunished, undisciplined, unchecked

ἐπῄνεις (line 5)   from ἐπαινέω, ἐπαινήσω, etc.: praise, commend, approve of

ἀσκητέον (line 8)   from ἀσκέω, ἀσκήσω, ἤσκησα, etc.: practice, exercise, train

ἀκολασίᾱν (line 8)   from ἀκολασία, -ας, ἡ: lack of discipline, intemperance

μηδέν (line 9)   here = "in no respect" (*neut. acc. of* μηδείς, *used adverbially*)

δεῖσθαι (line 9)   from δέομαι, etc. (*aor. pass.* ἐδεήθην) (+ *gen.*): have need (of)

κολάζεσθαι (line 9)   from κολάζω, etc.: punish, chastise, discipline (*construe the artic. infin. first with* δεῖσθαι *and then with* δεηθῇ *later in the line*)

ἰδιώτης (line 10)   from ἰδιώτης, -ου, ὁ: private citizen, individual

ἐπιθετέον (line 10)   from ἐπιτίθημι, ἐπιθήσω, etc.: apply, impose, inflict

σκοπός (line 11)   from σκοπός, -ου, ὁ: target, mark, aim, end, object

πρὸς ὅν (line 11)   this rel. clause has 2 infin. subjs. (ζῆν καὶ...πράττειν) of δεῖ, each with a ptcple. (βλέποντα, συντείνοντα); εἰς τοῦτο anticipates the clause of effort (ὅπως + *fut. indic.; see Lesson 45*) in line 13: "toward this... [the goal] that..."; οὕτω in line 14 looks back and sums up: "thus [as was just said]"

συντείνοντα (line 12)   from συντείνω, etc.: stretch, strain, strive, direct attention

δικαιοσύνη (line 13)   from δικαιοσύνη, -ης, ἡ: justice, uprightness

παρέσται (line 13)   = παρα- + εἰμί: be at hand, be present

ἐπιθῡμίᾱς (line 14)   from ἐπιθῡμία, -ᾱς, ἡ: desire, passion, longing

ἐῶντα (line 14)   from ἐάω, ἐάσω, εἴᾱσα, etc. (+ *infin.*): permit (to), allow (to)

ἐπιχειροῦντα (line 15)   from ἐπιχειρέω, etc. (+ *infin.*): undertake (to), attempt (to)

πληροῦν (line 15)   from πληρόω, πληρώσω, etc.: fill, fulfill, satisfy

λῃστοῦ (line 15)   from λῃστής, -οῦ, ὁ: robber, plunderer, pirate

κοινωνεῖν (line 16)   from κοινωνέω, etc.: have a share in community, associate

ἀδύνατος (line 16)   from ἀδύνατος, -ον: powerless, unable, incapable

ἔνεστι (line 17)   = ἐν- + εἰμί: be present, be in one's power, be possible

κοινωνίᾱ (line 17)   from κοινωνία, -ᾱς, ἡ: community, association, fellowship

συνέχειν (line 18)   = συν- + ἔχω: hold together, keep together

κοσμιότητα (line 19)   from κοσμιότης, -ητος, ἡ: orderliness, decorum

δικαιότητα (line 19)   from δικαιότης, -ητος, -ἡ: justness

ὅλον (line 20)   from ὅλος, -η, -ον: whole, entire, complete

ἀκοσμίᾱν (line 20)   from ἀκοσμία, -ᾱς, ἡ: disorderliness, unseemliness

LESSON 45

Clauses of Effort and Fear

An Enchanting Look at the Soul

(adapted from Plato's *Phaedo* 77d-78b)

Phaedo, Simmias, Cebes, and other friends of Socrates have come to the prison to be with him in the hours leading up to his execution. While keeping him company, they debate with him the question of whether or not the soul is immortal. Socrates believes that it is; Simmias and Cebes fear that it is not.

Ὅμως δέ μοι δοκεῖς σύ τε καὶ Σιμμίας δεδιέναι τὸ τῶν παίδων
δέος, μὴ ἀληθῶς ὁ ἄνεμος τὴν ψῡχὴν ἰοῦσαν ἐκ τοῦ σώματος διαφῡσήσῃ
καὶ διασκεδάσῃ, ἄλλως τε καὶ ὅταν τύχῃ τις μὴ ἐν νηνεμίᾳ ἀλλ' ἐν
μεγάλῳ τινὶ πνεύματι ἀποθνῄσκων. καὶ ὁ Κέβης γελάσας, Ὡς δεδιότας,
5   ἔφη, ὦ Σώκρατες, πειρῶ πείθειν· μᾶλλον δὲ μὴ ὡς ἡμᾶς δεδιότας, ἀλλ'
ἴσως ἐστί τις καὶ ἐν ἡμῖν παῖς ὅστις τὰ τοιαῦτα φοβεῖται. τοῦτον οὖν
πειρῶ πείθειν μὴ δεδιέναι τὸν θάνατον.

Ἀλλὰ χρή, ἔφη ὁ Σωκράτης, ἐπᾴδειν αὐτῷ ἑκάστης ἡμέρᾱς.
Πόθεν οὖν, ἔφη, ὦ Σώκρατες, τῶν τοιούτων ἀγαθὸν ἐπῳδὸν ληψόμεθα,
10 ἐπειδὴ σύ, ἔφη, ἡμᾶς ἀπολείπεις; Πολλὴ μὲν ἡ Ἑλλάς, ἔφη, ὦ Κέβης,
ἐν ᾗ ἔνεισί που ἀγαθοὶ ἄνδρες, πολλὰ δὲ καὶ τὰ τῶν βαρβάρων γένη,
ὧν πάντων ὑμᾶς πυνθάνεσθαι χρὴ ζητοῦντας τοιοῦτον ἐπῳδόν, μήτε
χρημάτων φειδομένους μήτε πόνων.

Ἀλλὰ ταῦτα μὲν δή, ἔφη ὁ Κέβης, ἐπιμελησόμεθα ὅπως
15 ὑπάρξει. ὅθεν δ' ἀπελίπομεν ἐπανέλθωμεν, εἴ σοι ἡδομένῳ ἐστίν. Ἀλλὰ
μὴν ἡδομένῳ γε· πῶς γὰρ οὐ μέλλει; Καλῶς, ἔφη, λέγεις.

Οὐκοῦν τοιόνδε τι, εἶπεν ὁ Σωκράτης, δεῖ ἡμᾶς ἐρωτῆσαι
ἀλλήλους, τῷ ποίῳ τινὶ προσήκει τοῦτο τὸ πάθος πάσχειν, τὸ
διασκεδάννυσθαι, καὶ ὑπὲρ τοῦ ποίου τινὸς δεδιέναι μὴ πάθῃ αὐτό, καὶ
20 τῷ ποίῳ τινὶ οὔ· καὶ μετὰ τοῦτ' αὖ σκέψασθαι πότερον ἡ ψῡχή ἐστι, καὶ
ἐκ τούτων θαρρεῖν ἢ δεδιέναι ὑπὲρ τῆς ἡμετέρᾱς ψῡχῆς;

Ἀληθῆ, ἔφη ὁ Κέβης, λέγεις.

Vocabulary Help for the Reading - Lesson 45

ὅμως (line 1)   (*particle*) nevertheless

Σιμμίᾱς (line 1)   from Σιμμίᾱς, -ου, ὁ: Simmias

δέος (line 2)   from δέος, -ους, τό: fear, dread (δεδιέναι...δέος = "to have fear")

ἄνεμος (line 2)   from ἄνεμος, -ου, ὁ: wind

διαφῡσήσῃ (line 2)   from διαφῡσάω, etc.: blow apart, blow in different directions

διασκεδάσῃ (line 3)   from διασκεδάννῡμι, etc.: scatter about, disperse

ἄλλως τε καὶ ὅταν (line 3)   "both otherwise and when" = "especially when"

τύχῃ (line 3)   from τυγχάνω, τεύξομαι, ἔτυχον, etc. (+ *suppl. ptcple.*): happen

νηνεμίᾳ (line 3)   from νηνεμίᾱ, -ᾱς, ἡ: stillness of air, calm

πνεύματι (line 4)   from πνεῦμα, -ατος, τό: blowing, blast of wind, gale

Κέβης (line 4)   from Κέβης, -ητος, ὁ: Cebes (ὡς = "as ones who are")

πειρῶ (line 5)   pres. mid. imper. of πειράω, etc. (+ *infin.*): try (to), attempt (to)

μᾶλλον δέ (line 5)   here = "or rather" or "better yet" (*Cebes changes his mind*)

ἐπᾴδειν (line 8)   from ἐπᾴδω, etc. (+ *dat.*): sing incantations (to), enchant, charm

ἑκάστης (line 8)   from ἕκαστος, -η, -ον: each, every

ἐπῳδόν (line 9)   from ἐπῳδός, -οῦ, ὁ: singer of incantations, enchanter, charmer

ἔνεισι (line 11)   = ἐν- + εἰμί: be in, exist in, be found in

που (line 11)   here = "I suppose" or "I imagine" (*idiomatic use of indef. adv.*)

βαρβάρων (line 11)   from βάρβαρος, -ου, ὁ: a barbarian, a non-Greek

γένη (line 11)   from γένος, -ους, τό: race, tribe, nation

φειδομένους (line 13)   from φείδομαι, etc. (+ *gen.*): be sparing (of)

πόνων (line 13)   from πόνος, -ου, ὁ: labor, toil, pain

ὑπάρξει (line 15)   from ὑπάρχω, ὑπάρξω, etc.: be real, exist, come into existence

ὅθεν...ἀπελίπομεν (line 15)   i.e., from where they left off in their discussion

ἐπανέλθωμεν (line 15)   = ἐπι- + ἀνα- + ἔρχομαι: go back, return

ἡδομένῳ (line 15)   from ἥδομαι, etc.: be pleased (*i.e., if it makes you happy*)

ἐστίν (line 15)   subject = the action implied in ἐπανέλθωμεν

πῶς...οὐ μέλλει; (line 16)   "how is it not likely to...?" or "how can it not?"

οὐκοῦν (line 17)   begins a question that does not end until line 19 and itself
   contains within it several other questions, all in apposition to τοιόνδε τι

τοιόνδε τι (line 17)   "something such as the following"

ἀλλήλους (line 18)   from ἀλλήλων, -οις/-αις, -ους/-ᾱς/-α: one another

ποίῳ (line 18)   from ποῖος, -ᾱ, -ον: of what sort? (*with def. article = substantive*)

προσήκει (line 18)   from προσήκω, etc. (+ *dat., with infin. as subject*): belong (to),
   be natural (to), be characteristic (of)

πάθος (line 18)   from πάθος, -ους, τό: experience (τὸ διασκεδάννυσθαι *is in
   apposition with* πάθος, *clarifying the nature of the experience*)

αὖ (line 20)   (*adv.*) again, further, moreover, besides

πότερον (line 20)   here = "whether of the two" or "which of the two"

θαρρεῖν (line 21)   from θαρρέω, etc.: be of good courage, take heart, feel confi-
   dent

MI-Verbs: δίδωμι, ἵστημι

Gifts Galore

(adapted from Xenophon's *Cyropaedia* 8.4.24-27)

The last book of the Cyropaedia *showcases the fabled generosity of Cyrus the Great. To celebrate one of his victories, he invites his officers to a grand feast and drinking party. After merry jesting about which of his friends he likes best, the talk turns to marriage, offering Cyrus further opportunities to be generous.*

Μετὰ δὲ ταῦτα Τιγράνῃ μὲν ἐξήνεγκε γυναικεῖον κόσμον, καὶ ἐκέλευσε τῇ γυναικὶ δοῦναι, ὅτι ἀνδρείως συνεστρατεύετο τῷ ἀνδρί, Ἀρταβάζῳ δὲ χρυσοῦν ἔκπωμα, τῷ δ᾽ Ὑρκανίῳ ἵππον καὶ ἄλλα πολλὰ καὶ καλὰ ἐδωρήσατο. Σοὶ δέ, ἔφη, ὦ Γωβρύα, δώσω ἄνδρα τῇ θυγατρί.

5 Οὐκοῦν ἐμέ, ἔφη ὁ Ὑστάσπας, δώσεις, ἵνα καὶ τὰ συγγράμματα λάβω. Ἦ καὶ ἔστι σοι, ἔφη ὁ Κῦρος, οὐσία ἀξία τῶν τῆς παιδός; Νὴ Δί᾽, ἔφη, πολλαπλασίων μὲν οὖν χρημάτων. Καὶ ποῦ, ἔφη ὁ Κῦρος, ἔστι σοι αὕτη ἡ οὐσία; Ἐνταῦθα, ἔφη, ὅπου καὶ σὺ κάθησαι φίλος ὢν ἐμοί. Ἀρκεῖ μοι, ἔφη ὁ Γωβρύας· καὶ εὐθὺς ἐκτείνας τὴν δεξιάν, Δίδου, ἔφη, ὦ Κῦρε· δέχομαι

10 γάρ. καὶ ὁ Κῦρος λαβὼν τὴν τοῦ Ὑστάσπου δεξιὰν ἔδωκε τῷ Γωβρύᾳ, ὁ δ᾽ ἐδέξατο. ἐκ δὲ τούτου πολλὰ καὶ καλὰ ἔδωκε δῶρα τῷ Ὑστάσπᾳ, ὅπως τῇ παιδὶ πέμψειε· Χρυσάνταν δ᾽ ἐφίλησε προσαγαγόμενος. καὶ ὁ Ἀρτάβαζος εἶπε· Μὰ Δί᾽, ἔφη, ὦ Κῦρε, οὐχ ὁμοίου γε χρυσοῦ ἐμοί τε τὸ ἔκπωμα δέδωκας καὶ Χρυσάντᾳ τὸ δῶρον. Ἀλλὰ καὶ σοί, ἔφη, δώσω.

15 ἠρώτησεν ἐκεῖνος, Πότε; Εἰς τριακοστόν, ἔφη, ἔτος. Ὡς μενοῦντος, ἔφη, καὶ οὐκ ἀποθανουμένου οὕτω παρασκευάζου. καὶ τότε μὲν δὴ οὕτως ἔληξεν ἡ σκηνή· ἐξανισταμένων δ᾽ αὐτῶν ἐξανέστη καὶ ὁ Κῦρος καὶ προύπεμψεν αὐτοὺς ἐπὶ τὰς θύρας.

Vocabulary Help for the Reading - Lesson 46

Τιγράνη (line 1)   from Τιγράνης, -ου, ὁ: Tigranes, an Armenian

ἐξήνεγκε (line 1)   = ἐκ + φέρω: bring out, produce, exhibit

γυναικεῖον (line 1)   from γυναικεῖος, -ᾱ, -ον: women's (κόσμον = "adornment")

ἀνδρείως (line 2)   from ἀνδρεῖος, -ᾱ, -ον: manly, brave, courageous

συνεστρατεύετο (line 2)   from συστρατεύω, etc.: campaign together in the army

Ἀρταβάζῳ (line 3)   from Ἀρτάβαζος, -ου, ὁ: Artabazus, a Mede

χρῡσοῦν (line 3)   from χρῡσοῦς, -ῆ, -οῦν: made of gold, golden

ἔκπωμα (line 3)   from ἔκπωμα, -ατος, τό: drinking-cup

Ὑρκανίῳ (line 3)   from Ὑρκάνιος, -ᾱ, -ον: Hyrcanian (*his name is not told to us*)

ἐδωρήσατο (line 4)   from δωρέω, δωρήσω, ἐδωρήσα, etc. (*usually mid.*): give, present

Γωβρύᾱ (line 4)   from Γωβρύᾱς, -ου, ὁ: Gobryas, an Assyrian (*earlier, Hystaspas has praised Gobryas for saying something wise; Gobryas has responded that he has many such sayings written down in his house and that Hystaspas may have them all as a dowry if he wishes to marry Gobryas' daughter*)

Ὑστάσπᾱς (line 5)   from Ὑστάσπᾱς, -ου, ὁ: Hystaspas, a Persian

συγγράμματα (line 5)   from σύγγραμμα, -ατος, τό: written-down saying

ἦ (line 6)   interrog. particle (*introduces a question expecting either yes or no*)

Κῦρος (line 6)   from Κῦρος, -ου, ὁ: Cyrus

οὐσίᾱ (line 6)   from οὐσίᾱ, -ᾱς, ἡ: substance, property, fortune

τῶν τῆς παιδός (line 6)   "the girl's possessions" (*i.e., the bride's fortune*)

νὴ Δί' (line 6)   yes, by Zeus (*particle* νή + *acc. of* Ζεύς, Διός, ὁ [Δί' = Δία])

πολλαπλασίων (line 7)   from πολλαπλάσιος, -ᾱ, -ον: many times as many, much more

ἐνταῦθα (line 8)   (*adv.*) there, in that place

κάθησαι (line 8)   from κάθημαι (*used only in perf. mid., with pres. sense*): sit (*i.e., Hystaspas owns nothing but his friendship with Cyrus*)

ἀρκεῖ (line 8)   from ἀρκέω, ἀρκέσω, etc. (+ *dat.*): be enough (for), suffice

ἐκτείνᾱς (line 9)   from ἐκτείνω, ἐκτενῶ, ἐξέτεινα, etc.: stretch out, extend

δεξιάν (line 9)   from δεξιά, -ᾶς, ἡ (*supply* χείρ): right hand

δίδου (line 9)   Cyrus formally gives Hystaspas as a son-in-law to Gobryas

δέχομαι (line 9)   from δέχομαι, δέξομαι, ἐδεξάμην, etc.: take, accept, receive

ἐκ...τούτου (line 11)   "after that"

Χρῡσάντᾱν (line 12)   from Χρῡσάντᾱς, -ου, ὁ: Chrysantas

προσαγαγόμενος (line 12)   = προσ- + ἄγω: bring near (*in order to embrace*)

μὰ Δί' (line 13)   no, by Zeus (*particle* μά + *acc. of* Ζεύς, Διός, ὁ [Δί' = Δία])

ὁμοίου (line 13)   from ὅμοιος, -ᾱ, -ον: similar (οὐχ ὁμοίου χρῡσοῦ = "not (as gifts) of equal worth"; *Artabazus is jealous because Chrysantas has received from Cyrus a gift more valuable than gold, i.e., a kiss*)

μενοῦντος (line 15)   supply ἐμοῦ (*gen. absol.*)   (ὡς = "on the assumption that")

ἔληξεν (line 17)   from λήγω, λήξω, etc.: cease (σκηνή = "banquet held in a tent")

ἐξανισταμένων (line 17)   = ἐξ- + ἀνα- + ἵστημι: stand up from one's seat

προύπεμψεν (line 18)   = προ- + πέμπω: escort, conduct, attend

MI-Verbs: τίθημι, ἵημι

Vexing Vocabulary

(adapted from Plato's *Cratylus* 438a-c)

Hermogenes and Cratylus disagree about the origin of language: were words just arbitrarily assigned to things, or did the things, by their very nature, inspire the words appropriate for describing them? Under Socrates' guidance the two young philosophers examine the etymologies of various Greek words, only to discover that while some of the words seem designed to fit with what they signify, others have a glaring contradiction between their form and their meaning.

ΣΩΚΡΑΤΗΣ. Ἐάσωμεν, ἐπανέλθωμεν δὲ πάλιν ὅθεν δεῦρο μετέβημεν. ἄρτι γὰρ ἐν τοῖς πρόσθεν, εἰ μέμνησαι, τὸν τιθέμενον τὰ ὀνόματα ἀναγκαῖον ἔφησθα εἶναι εἰδότα τίθεσθαι οἷς ἐτίθετο. πότερον οὖν ἔτι σοι δοκεῖ οὕτως ἢ οὔ;

5   ΚΡΑΤΥΛΟΣ. Ἔτι.

ΣΩΚΡΑΤΗΣ. Ἦ καὶ τὸν τὰ πρῶτα τιθέμενον εἰδότα φὴς τίθεσθαι;

ΚΡΑΤΥΛΟΣ. Εἰδότα.

ΣΩΚΡΑΤΗΣ. Ἐκ ποίων οὖν ὀνομάτων ἢ μεμαθηκὼς ἢ ηὑρηκὼς ἦν τὰ πράγματα, εἴπερ τά γε πρῶτα μήπω ἔκειτο, μαθεῖν δ᾽ αὖ φαμεν τὰ
10   πράγματα καὶ εὑρεῖν ἀδύνατον εἶναι ἄλλως ἢ τὰ ὀνόματα μαθόντας ἢ αὐτοὺς ἐξευρόντας οἷά ἐστιν;

ΚΡΑΤΥΛΟΣ. Δοκεῖς τί μοι λέγειν, ὦ Σώκρατες.

ΣΩΚΡΑΤΗΣ. Τίνα οὖν τρόπον φῶμεν αὐτοὺς εἰδότας θέσθαι ἢ νομοθέτᾱς εἶναι, πρὶν καὶ ὁτιοῦν ὄνομα κεῖσθαί τε καὶ ἐκείνους εἰδέναι, εἴπερ μὴ
15   ἔστι τὰ πράγματα μαθεῖν ἀλλ᾽ ἢ ἐκ τῶν ὀνομάτων;

ΚΡΑΤΥΛΟΣ. Οἶμαι μὲν ἐγὼ τὸν ἀληθέστατον λόγον περὶ τούτων εἶναι, ὦ Σώκρατες, μείζω τινὰ δύναμιν εἶναι ἢ ἀνθρωπείᾱν τὴν θεμένην τὰ πρῶτα ὀνόματα τοῖς πράγμασιν, ὥστε ἀναγκαῖον εἶναι αὐτὰ ὀρθῶς ἔχειν.

ΣΩΚΡΑΤΗΣ. Εἶτα οἴει ἐναντία ἂν ἐτίθετο αὐτὸς αὑτῷ ὁ θείς, ὢν δαίμων
20   τις ἢ θεός; ἢ οὐδέν σοι ἐδοκοῦμεν ἄρτι λέγειν;

Vocabulary Help for the Reading - Lesson 47

ἐάσωμεν (line 1)   from ἐάω, ἐάσω, etc.: let (*something*) go, be done with (*a dir.
    obj. such as ταῦτα has to be supplied; Socrates sees no reason to give any
    more examples of Greek words whose form and meaning are contradictory*)

ἐπανέλθωμεν (line 1)   = ἐπι- + ἀνα- + ἔρχομαι: go back again, return

ὅθεν (line 1)   "[to the place] from which" (*antecedent of rel. adv. is left implied*)

δεῦρο (line 1)   (*adv.*) to here, hither

μετέβημεν (line 1)   from μεταβαίνω, μεταβήσομαι, μετέβην, etc.: pass over
    (*from one point to the next*), change topic, digress

πρόσθεν (line 2)   (*adv.*) before, earlier (τὰ πρόσθεν = "the things said earlier")

μέμνησαι (line 2)   from μιμνήσκω, etc.: recall; (*perf. mid.*) remember

τὸν τιθέμενον τὰ ὀνόματα (line 2)   = the one who "laid down" or "estab-
    lished" the names (*Socrates and Cratylus have hypothesized that the names
    for things were originally laid down as laws by a "lawgiver"; that person
    must have had knowledge of the things that the names were intended to
    signify*)

εἰδότα (line 3)   translate as if it were an adverb modifying τίθεσθαι ("knowing-
    ly" *or* "with knowledge"); the same construction is used in lines 6 and 13

οἷς ἐτίθετο (line 3)   = ταῦτα ἃ ἐτίθετο

ἢ (line 6)   interrog. particle (*introduces a question expecting either yes or no*)

τὰ πρῶτα (line 6)   supply ὀνόματα (*also in line 8*)

μεμαθηκὼς (ἦν), ηὑρηκὼς ἦν (line 8)   = periphrastic form of pluperf. act. indic.

ἀδύνατον (line 10)   from ἀδύνατος, -ον: impossible (*agrees with* μαθεῖν, εὑρεῖν)

ἄλλως (line 10)   (*adv. +* ἤ) in another way (than), in a different way (from)

ἐξευρόντας (line 11)   = ἐξ- + εὑρίσκω: find out, discover (*supply* ἡμᾶς *with*
    μαθόντας *and* ἐξευρόντας, *subjs. of* μαθεῖν *and* εὑρεῖν)

οἷά ἐστιν (line 11)   = indir. question; the expected interrog. adj. ὁποῖα has been
    replaced by rel. adj. οἷα (*this is common after verbs of saying*)

δοκεῖς τί μοι λέγειν (line 12)   i.e., I think you have a point

τίνα τρόπον (line 13)   in what way (*acc. of respect*)

νομοθέτᾱς (line 13)   from νομοθέτης, -ου, ὁ: lawgiver

ὁτιοῦν (line 14)   = ὅ τι (*neut. of* ὅστις) + οὖν: any (*thing*) whatsoever

κεῖσθαι (line 14)   here = "be established"

ἀλλ' ἤ (line 15)   here = "other than, except"; supply τὰ πράγματα μαθεῖν

οἶμαι (line 16)   from οἴομαι/οἶμαι, etc. (*with indir. disc. + infin.*): think, suppose

λόγον (line 16)   the "explanation" is given in the next line, using indir. discourse

ἀνθρωπείᾱν (line 17)   from ἀνθρώπειος, -ᾱ, -ον: human, of a human nature

ὀρθῶς (line 18)   (*adv.*) rightly; αὐτὰ ὀρθῶς ἔχειν = "them (ὀνόματα) to be cor-
    rect"

εἶτα (line 19)   (*adv.*) then, and so (*parenthetical* οἴει = "in your opinion")

ἐναντία (line 19)   from ἐναντίος, -ᾱ, -ον (+ *dat.*): opposite (to), contradictory (to);
    construe with αὐτῷ (*the contradictions observed in Greek words show that
    the giver of names contradicted himself; would a divinity have done that?*)

ἂν ἐτίθετο (line 19)   ἄν + indic. past tense = past potential ("would he have...?")

οὐδέν...λέγειν (line 20)   i.e., speak nonsense, be mistaken

LESSON 48

MI-Verbs: δείκνῡμι; Unattainable Wishes

Habits Are Hard To Break

(adapted from Xenophon's *Memorabilia* 4.4.6-12)

The sophist Hippias of Elis, who has long been familiar with Socrates and his routine, finds him engaged in one of his customary discussions, investigating the nature of justice for the umpteenth time. Hippias seizes the opportunity to scold Socrates for being so set in his ways.

Καὶ ὁ μὲν Ἱππίᾱς ἀκούσᾱς ταῦθ' ὥσπερ ἐπισκώπτων αὐτόν, "Ἔτι γὰρ σύ, ἔφη, ὦ Σώκρατες, ἐκεῖνα ταὐτὰ λέγεις ἃ ἐγὼ πάλαι ποτέ σου ἤκουσα; καὶ ὁ Σωκράτης, "Ὃ δέ γε τούτου δεινότερον, ἔφη, ὦ Ἱππίᾱ, οὐ μόνον ἀεὶ ταὐτὰ λέγω, ἀλλὰ καὶ περὶ τῶν αὐτῶν· σὺ δ' ἴσως διὰ τὸ
5 πολυμαθὴς εἶναι περὶ τῶν αὐτῶν οὔποτε ταὐτὰ λέγεις. εἰ γὰρ ὤφελον ὅμοιός σοι εἶναι. κἀγὼ μὲν οὐκ οἶδα ὅπως ἂν ἀπολειφθείην σου πρὸ τοῦ ἀκοῦσαι περὶ τοῦ δικαίου εἰπόντος.

Ἀλλὰ μὰ Δί', ἔφη, οὐκ ἀκούσῃ, πρίν γ' ἂν αὐτὸς ἀποφήνῃ ὅ τι νομίζεις τὸ δίκαιον εἶναι. ἀρκεῖ γὰρ ὅτι τῶν ἄλλων καταγελᾷς ἐρωτῶν μὲν
10 καὶ ἐλέγχων πάντας, αὐτὸς δ' οὐδενὶ ἐθέλων ὑπέχειν λόγον οὐδὲ γνώμην ἀποφαίνεσθαι περὶ οὐδενός. Τί δ', ὦ Ἱππίᾱ; Σωκράτης ἔφη, οὐκ ἤσθησαι ὅτι ἐγὼ ἃ δοκεῖ μοι δίκαια εἶναι οὐδὲν παύομαι ἀποδεικνύμενος; Καὶ ποῖος δή σοι, ἔφη, οὗτος ὁ λόγος ἐστίν; Εἰ δὲ μὴ λόγῳ, Σωκράτης ἔφη, ἀλλ' ἔργῳ ἀποδείκνυμαι· ἢ οὐ δοκεῖ σοι ἀξιοτεκμαρτότερον τοῦ λόγου τὸ
15 ἔργον εἶναι; Πολύ γε νὴ Δί', ὁ Ἱππίᾱς ἔφη· δίκαια μὲν γὰρ λέγοντες πολλοὶ ἄδικα ποιοῦσι, δίκαια δὲ πράττων οὐδ' ἂν εἷς ἄδικος εἴη. "Ἤσθησαι οὖν πώποτέ μου ἢ ψευδομαρτυροῦντος ἢ σῡκοφαντοῦντος ἢ ἄλλο τι ἄδικον πράττοντος; Οὐκ ἔγωγ', ὁ Ἱππίᾱς ἔφη. Τὸ δὲ τῶν ἀδίκων ἀπέχεσθαι οὐ δίκαιον ἡγῇ; Δῆλος εἶ, ἔφη, ὦ Σώκρατες, καὶ νῦν διαφεύγειν ἐγχειρῶν τὸ
20 ἀποδείκνυσθαι γνώμην, ὅ τι νομίζεις τὸ δίκαιον· οὐ γὰρ ἃ πράττουσιν οἱ δίκαιοι, ἀλλ' ἃ μὴ πράττουσι, ταῦτα λέγεις. Ἀλλ' ᾤμην ἔγωγ', ἔφη ὁ Σωκράτης, τὸ μὴ ἐθέλειν ἀδικεῖν ἱκανὸν δικαιοσύνης ἐπίδειγμα εἶναι.

Ἱππίας (line 1)   from Ἱππίας, -ου, ὁ: Hippias

ἐπισκώπτων (line 1)   from ἐπισκώπτω, etc.: laugh at, make fun of, kid

ὃ δέ...δεινότερον (line 3)   supply ἐστί; this substantival relative clause anticipates what is about to be said and indicates that the next statement will surpass what has just been said; the clause is in apposition with the main thought in the sentence ("and what is [even] more...")

πολυμαθής (line 5)   from πολυμαθής, -ές: learned in many fields, multi-talented

ἂν ἀπολειφθείην (line 6)   potential optative in an indirect question (aor. pass. of ἀπολείπω = "be deprived of, be separated from"; Socrates is being funny)

πρό (line 6)   (prep. + gen.) before (in time), sooner than

περὶ τοῦ δικαίου (line 7)   = "about justice" (supply σου with εἰπόντος)

μὰ Δί' (line 8)   no, by Zeus (particle μά + acc. of Ζεύς, Διός, ὁ [Δί' = Δία])

ἀποφήνῃ (line 8)   = ἀπο- + φαίνω (mid.): make evident, make clear, declare

ἀρκεῖ (line 9)   from ἀρκέω, ἀρκέσω, etc. (+ ὅτι clause): be enough, suffice (i.e., we've had enough of that kind of behavior—it's time for a change)

καταγελᾷς (line 9)   from καταγελάω, etc.: mock, laugh at, scorn

ἐλέγχων (line 10)   from ἐλέγχω, ἐλέγξω, ἤλεγξα, etc.: disprove, refute

ὑπέχειν (line 10)   = ὑπο- + ἔχω: supply, give, render (+ λόγον = "render an account, give an accounting [to someone]")

γνώμην (line 10)   from γνώμη, -ης, ἡ: judgment, opinion

οὐδέν (line 12)   in no respect, not at all (neut. acc. sg. of οὐδείς, used adverbially)

λόγος (line 13)   here = "verbal argument" (σοι = "belonging to you" or "of yours")

εἰ...μὴ λόγῳ..., ἀλλ' ἔργῳ ἀποδείκνυμαι (lines 13-14)   ἀποδείκνυμαι, the verb of the apodosis, should also be supplied for the protasis; when, as here, the protasis is a concession ("although, even if..."), the apodosis may be introduced by ἀλλά ("still, yet, at least") for emphasis

ἀξιοτεκμαρτότερον (line 14)   from ἀξιοτέκμαρτος, -ον: worthy as evidence, credible

νὴ Δί' (line 15)   yes, by Zeus (particle νή + acc. of Ζεύς, Διός, ὁ [Δί' = Δία])

πώποτε (line 17)   (adv. used mostly in negative sentences) ever yet

ψευδομαρτυροῦντος (line 17)   from ψευδομαρτυρέω, etc.: bear false witness

συκοφαντοῦντος (line 17)   from συκοφαντέω, etc.: accuse falsely, slander

ἀπέχεσθαι (line 18)   from ἀπέχω (mid. + gen.): hold back (from), abstain (from)

ἡγῇ (line 19)   from ἡγέομαι, ἡγήσομαι, etc.: suppose, believe, regard

δῆλος (line 19)   construe with ἐγχειρῶν in line 19; in this idiom English uses an adverb ("clearly") rather than an adjective

διαφεύγειν (line 19)   from διαφεύγω, etc.: get away from, escape, avoid (dir. obj. of this infin. = the artic. infin. τὸ ἀποδείκνυσθαι γνώμην)

ἐγχειρῶν (line 19)   from ἐγχειρέω, ἐγχειρήσω, etc. (+ infin.): undertake (to)

ὅ τι νομίζεις τὸ δίκαιον (line 20)   indirect question in apposition with γνώμην

δικαιοσύνης (line 22)   from δικαιοσύνη, -ης, ἡ: justice, uprightness

ἐπίδειγμα (line 22)   from ἐπίδειγμα, -ατος, τό: display, illustration

LESSON 49

βαίνω, γιγνώσκω; Directional Suffixes; Accusative of Respect

Why the Wait?

(adapted from Plato's *Phaedo* 57a-58c)

After witnessing the death of Socrates, Phaedo is en route from Athens to his home in Elis. He stops in the Peloponnesian town of Phlius, where Echecrates and other Pythagorean philosophers have a school; they are eager for Phaedo to tell them the details of how Socrates met his end and what caused his execution to be delayed.

ΕΧΕΚΡΑΤΗΣ.   Αὐτός, ὦ Φαίδων, παρεγένου Σωκράτει ἐκείνῃ τῇ ἡμέρᾳ ᾗ τὸ φάρμακον ἔπιεν ἐν τῷ δεσμωτηρίῳ, ἢ ἄλλου του ἤκουσας;

ΦΑΙΔΩΝ.   Αὐτός, ὦ Ἐχέκρατες.

ΕΧΕΚΡΑΤΗΣ.   Τί οὖν δή ἐστιν ἄττα εἶπεν ὁ ἀνὴρ πρὸ τοῦ θανάτου; καὶ πῶς
5   ἐτελεύτα; ἡδέως γὰρ ἂν ἐγὼ ἀκούσαιμι. καὶ γὰρ οὔτε τῶν πολιτῶν Φλιασίων οὐδεὶς πάνυ βαίνει νῦν Ἀθήναζε, οὔτε τις ξένος ἀφῖκται χρόνου συχνοῦ ἐκεῖθεν, ὅστις ἂν ἡμῖν σαφές τι ἀγγεῖλαι οἷός τ' ἦν περὶ τούτων, πλήν γε δὴ ὅτι φάρμακον πιὼν ἀποθάνοι· τῶν δ' ἄλλων οὐδὲν εἶχε φράζειν.

ΦΑΙΔΩΝ.   Οὐδὲ τὰ περὶ τῆς δίκης ἄρα ἐπύθεσθε ὃν τρόπον ἐγένετο;

10   ΕΧΕΚΡΑΤΗΣ.   Ναί, ταῦτα μὲν ἡμῖν ἤγγειλέ τις, καὶ ἐθαυμάζομέν γ' ὅτι πάλαι γενομένης αὐτῆς πολλῷ ὕστερον φαίνεται ἀποθανών. τί οὖν ἦν τοῦτ', ὦ Φαίδων;

ΦΑΙΔΩΝ.   Τύχη τις αὐτῷ, ὦ Ἐχέκρατες, συνέβη· ἔτυχε γὰρ τῇ προτεραίᾳ τῆς δίκης ἡ πρύμνα ἐστεμμένη τοῦ πλοίου, ὃ εἰς Δῆλον Ἀθηναῖοι πέμπουσιν.

15   ΕΧΕΚΡΑΤΗΣ.   Τοῦτο δὲ δὴ τί ἐστιν;

ΦΑΙΔΩΝ.   Τοῦτ' ἔστι τὸ πλοῖον, ὥς φασιν Ἀθηναῖοι, ἐν ᾧ Θησεύς ποτε Κρήτηνδε τοὺς δὶς ἑπτὰ ἐκείνους ἔβαινεν ἄγων καὶ ἔσωσέ τε καὶ αὐτὸς ἐσώθη. Τῷ οὖν Ἀπόλλωνι ηὔξαντο τότ', εἰ σωθεῖεν, ἑκάστου ἔτους θεωρίαν ἀπάξειν εἰς Δῆλον. ἐπειδὰν οὖν ἄρξωνται τῆς θεωρίας, νόμος
20   ἐστὶν αὐτοῖς ἐν τῷ χρόνῳ τούτῳ καθαρεύειν τὴν πόλιν καὶ δημοσίᾳ μηδέν' ἀποκτείνειν, πρὶν ἂν εἰς Δῆλόν τ' ἀφίκηται τὸ πλοῖον καὶ πάλιν δεῦρο· τοῦτο δ' ἐνίοτ' ἐν πολλῷ χρόνῳ γίγνεται, ὅταν τύχωσιν ἄνεμοι ἀπολαβόντες αὐτούς. διὰ ταῦτα καὶ πολὺς χρόνος ἐγένετο τῷ Σωκράτει ἐν τῷ δεσμωτηρίῳ ὁ μεταξὺ τῆς δίκης τε καὶ θανάτου.

Vocabulary Help for the Reading

Φαίδων (line 1)   from Φαίδων, -ωνος, ὁ: Phaedo

παρεγένου (line 1)   = παρα- + γίγνομαι (+ *dat.*): be beside, be present (with)

φάρμακον (line 2)   from φάρμακον, -ου, τό: drug, poison (*i.e., the hemlock*)

ἔπιεν (line 2)   from πίνω, πίομαι, ἔπιον, πέπωκα, πέπομαι, ἐπόθην: drink

δεσμωτηρίῳ (line 2)   from δεσμωτήριον, -ου, τό: prison

ἤκουσας (line 2)   = "did you hear (about it) from...?"

Ἐχέκρατες (line 3)   from Ἐχεκράτης, -ους, ὁ: Echecrates

πρό (line 4)   (*prep. + gen.*) before (*in time*)

ἐτελεύτᾱ (line 5)   from τελευτάω, etc. (*supply* βίον): finish, bring to an end, close

Φλιασίων (line 5)   from Φλῑάσιος, -ᾱ, -ον: Phliasian, from the town of Phlius

συχνοῦ (line 6)   from συχνός, -ή, -όν: long (*in time*), much

σαφές (line 7)   from σαφής, -ές: clear, plain, distinct

πλήν...ὅτι (lines 7-8)   (*conj.*) except that, save for the fact that

δίκης (line 9)   here = "trial" (ὃν [*equivalent of* ὅντινα] τρόπον = *acc. of respect introducing an indirect question; subj. of* ἐγένετο = τὰ περὶ τῆς δίκης)

ναί (line 10)   (*adv.*) verily, indeed, yes

συνέβη (line 13)   = συν- (*or* συμ-) + βαίνω: come to pass, happen

ἔτυχε (line 13)   from τυγχάνω, etc. (+ *suppl. ptcple.*): chance, chance to happen

προτεραίᾳ (line 13)   from προτεραῖος, -ᾱ, -ον (+ *gen.*): before (*supply* ἡμέρᾳ)

πρύμνα (line 14)   from πρύμνα, -ᾱς, ἡ: the stern (*of a ship*)

ἐστεμμένη (line 14)   from στέφω, στέψω, ἔστεψα, —. ἔστεμμαι, etc.: surround with a garland, crown, wreath (*to launch the ship on its yearly voyage*)

πλοίου (line 14)   from πλοῖον, -ου, τό: boat, ship, vessel

Δῆλον (line 14)   from Δῆλος, -ου, ἡ: Delos

Θησεύς (line 16)   from Θησεύς, -έως, ὁ: Theseus, Athenian hero

Κρήτηνδε (line 17)   from Κρήτη, -ης, ἡ: Crete

δὶς ἑπτά (line 17)   = 7 boys and 7 girls sent regularly as tribute from the Athenians to King Minos and fed to the Minotaur—until Theseus slew the monster

Ἀπόλλωνι (line 18)   from Ἀπόλλων, -ωνος, ὁ: Apollo

ηὔξαντο (line 18)   from εὔχομαι, εὔξομαι, ηὐξάμην, etc. (+ *indir. disc. with infin.*): pray, vow, promise

θεωρίᾱν (line 19)   from θεωρίᾱ, -ᾱς, ἡ: mission, embassy, pilgrimage

ἀπάξειν (line 19)   = ἀπο- + ἄγω: return, render, pay (*as a tribute or honor*)

καθαρεύειν (line 20)   from καθαρεύω, etc.: be clean (*from bloodshed*); the 2 infins. are governed by an implied verb of commanding (νόμος [ὃς κελεύει...])

δημοσίᾳ (line 20)   by the hand of the people, at the hands of the public executioner (*from* δημόσιος, -ᾱ, -ον "of the people"; *supply* χειρί)

ἐνίοτ' (line 22)   (*adv.*) sometimes, at times (= ἐνι- + ὅτε, *elided*)

ἄνεμοι (line 22)   from ἄνεμος, -ου, ὁ: wind

ἀπολαβόντες (line 23)   = ἀπο- + λαμβάνω: intercept, cut off, hold back, detain

μεταξύ (line 24)   (*prep. + gen.*) between

LESSON 50

Redundant μή with Verbs of Hindering; Uses of μὴ οὐ and οὐ μή; Attraction of Relative Pronouns

A Man of Conviction

(adapted from Plato's *Apology* 38c-39b)

In this memorable passage Socrates addresses the jurors who have just sentenced him to death and explains why he felt compelled to make his defense speech so unconventional in style and content.

Οὐ πολλοῦ γ' ἕνεκα χρόνου, ὦ ἄνδρες Ἀθηναῖοι, ὄνομα ἕξετε καὶ
αἰτίᾱν ὡς Σωκράτη ἀπεκτόνατε. εἰ δ' ἐμείνατε ὀλίγον χρόνον, ἀπὸ τοῦ
αὐτομάτου ἂν ὑμῖν τοῦτ' ἐγένετο· ὁρᾶτε γὰρ δὴ τὴν ἡλικίᾱν ὅτι πόρρω
ἤδη ἐστὶ τοῦ βίου, θανάτου δ' ἐγγύς. ἴσως με οἴεσθε, ὦ ἄνδρες Ἀθηναῖοι,
5   ἀπορίᾳ λόγων ἑαλωκέναι τοιούτων οἷς ἂν ὑμᾶς ἔπεισα, εἰ ᾤμην δεῖν
πάντα ποιεῖν καὶ λέγειν ὥστε ἀποφυγεῖν τὴν δίκην. πολλοῦ γε δεῖ. ἀλλ'
ἀπορίᾳ μὲν ἑάλωκα, οὐ μέντοι λόγων, ἀλλὰ τόλμης καὶ ἀναισχυντίᾱς
καὶ τοῦ μὴ ἐθέλειν λέγειν πρὸς ὑμᾶς τοιαῦτα οἷα ἂν ὑμῖν μὲν ἥδιστα
ἦν ἀκούειν, θρηνοῦντός τέ μου καὶ ὀδῡρομένου καὶ ἄλλα ποιοῦντος
10   καὶ λέγοντος πολλὰ καὶ ἀνάξια ἐμοῦ, ὡς ἐγώ φημι, οἷα δὴ καὶ εἴθισθε
ὑμεῖς τῶν ἄλλων ἀκούειν. οὔτε γὰρ ἐν δίκῃ οὔτ' ἐν πολέμῳ οὔτ' ἐμὲ οὔτ'
ἄλλον οὐδένα δεῖ τοῦτο μηχανᾶσθαι ὅπως ἀποφεύξεται θάνατον. καὶ
γὰρ ἐν ταῖς μάχαις πολλάκις δῆλον γίγνεται ὅτι τό γ' ἀποθανεῖν ἄν τις
ἐκφύγοι καὶ ὅπλα ἀφεὶς καὶ ἐφ' ἱκετείᾱν τραπόμενος τῶν διωκόντων·
15   καὶ ἄλλαι μηχαναὶ πολλαί εἰσιν ἐν ἑκάστοις τοῖς κινδύνοις ὥστε
διαφεύγειν θάνατον, ἐάν τις τολμᾷ πᾶν ποιεῖν καὶ λέγειν. ἀλλὰ μὴ οὐ
τοῦτ' ᾖ χαλεπόν, ὦ ἄνδρες, θάνατον ἐκφυγεῖν, ἀλλὰ πολὺ χαλεπώτερον
πονηρίᾱν· θᾶττον γὰρ θανάτου θεῖ. καὶ νῦν ἐγὼ μὲν ἅτε βραδὺς ὢν καὶ
πρεσβύτης ὑπὸ τοῦ βραδυτέρου ἑάλων, οἱ δ' ἐμοὶ κατήγοροι ἅτε δεινοὶ
20   καὶ ὀξεῖς ὄντες ὑπὸ τοῦ θάττονος, τῆς κακίᾱς. καὶ νῦν ἐγὼ μὲν ἄπειμι
ὑφ' ὑμῶν θανάτου δίκην ὄφλων, οὗτοι δ' ὑπὸ τῆς ἀληθείᾱς ὠφληκότες
μοχθηρίᾱν καὶ ἀδικίᾱν. καὶ ἐγώ τε τῷ τῑμήματι ἐμμένω καὶ οὗτοι.

Vocabulary Help for the Reading - Lesson 50

οὐ πολλοῦ...ἕνεκα χρόνου (line 1)   i.e., since I would not have lived much longer
   anyway, killing me is going to bring you little gain in terms of time

αὐτομάτου (line 3)   from αὐτόματος, -η, -ον: self-acting (ἀπὸ τοῦ αὐτομάτου =
   "from self-action"; *i.e., all by itself, without any external help*)

τοῦτ' (line 3)   = Socrates' death (πόρρω [+ *gen.*] = "far advanced [in]")

ἐγγύς (line 4)   (*prep. + gen.*) near (to), close (to)

ἀπορίᾳ (line 5)   from ἀπορίᾱ, -ᾱς, ἡ: lack (*of something*), being at a loss

ἑαλωκέναι (line 5)   from ἁλίσκομαι, ἁλώσομαι, ἑάλων (*inflected like* ἔγνων),
   ἑάλωκα, —, —: be captured, be caught, be convicted

οἷς ἄν...ἔπεισα (line 5)   a conditional (*past contrary-to-fact*) relative clause

ἀποφυγεῖν (line 6)   = ἀπο- + φεύγω: escape from (+ δίκην = "be acquitted")

πολλοῦ...δεῖ (line 6)   far from it (*literally,* "it needs much [for that to be true]")

τόλμης (line 7)   from τόλμα, -ης, ἡ: boldness, daring

ἀναισχυντίᾱς (line 7)   from ἀναισχυντίᾱ, -ᾱς, ἡ: shamelessness, impudence

τοῦ μὴ ἐθέλειν (line 8)   redundant μή (*to emphasize that he is not willing*)

θρηνοῦντος (line 9)   from θρηνέω, θρηνήσω, etc.: sing a dirge, wail

ὀδῡρομένου (line 9)   from ὀδῡρομαι, ὀδῡροῦμαι, etc.: mourn, lament

φημι (line 10)   here = "I claim"

εἴθισθε (line 10)   from ἐθίζω, ἐθιῶ, εἴθισα, εἴθικα, εἴθισμαι, εἰθίσθην (+ *infin.*):
   accustom (to); (*mid.*) become accustomed (to), become used (to)

τῶν ἄλλων (line 11)   here = "from the others"

τοῦτο (line 12)   anticipates the ὅπως clause of effort

ὅτι...ἄν τις ἐκφύγοι (lines 13-14)   this substantive clause is the subject of γίγνεται
   (ὅτι = "that"; ἄν...ἐκφύγοι = *potential optative*)

ὅπλα (line 14)   from ὅπλον, -ου, τό: weapon, shield; (*pl.*) arms

ἱκετείᾱν (line 14)   from ἱκετείᾱ, -ᾱς, ἡ: supplication, pleading, begging

διαφεύγειν (line 16)   = δια- + φεύγω: get away from, escape, avoid

τολμᾷ (line 16)   from τολμάω, etc. (+ *infin.*): be bold enough (to), dare (to)

ἐκφυγεῖν (line 17)   = ἐκ- + φεύγω: flee out of, escape, get beyond

πονηρίᾱν (line 18)   from πονηρίᾱ, -ᾱς, ἡ: wickedness, evil (*supply* ἐκφυγεῖν)

θεῖ (line 18)   from θέω, θεύσομαι (*other tenses supplied by* τρέχω): run

πρεσβύτης (line 19)   from πρεσβύτης, -ου, ὁ: old man

κατήγοροι (line 19)   from κατήγορος, -ου, ὁ: accuser, prosecutor

ὀξεῖς (line 20)   from ὀξύς, -εῖα, -ύ: sharp, keen, quick, swift

κακίᾱς (line 20)   from κακίᾱ, -ᾱς, ἡ: badness, vice, evil (*supply* ἑάλωσαν)

ἄπειμι (line 20)   = ἀπο- + εἶμι: go away, depart

ὄφλων (line 21)   from ὀφλισκάνω, ὀφλήσω, ὤφλον, ὤφληκα, etc.: be condemned
   to, be sentenced to, incur, get (*here* δίκην = "penalty")

μοχθηρίᾱν (line 22)   from μοχθηρίᾱ, -ᾱς, ἡ: villainy, depravity

τῑμήματι (line 22)   from τίμημα, -ατος, τό: assessment (*of a penalty*), sentence

ἐμμένω (line 22)   = ἐν- + μένω (+ *dat.*): remain in, abide by, accept

GLOSSARY

A

ἀγαθός, -ή, -όν good (*at doing a thing*),
    brave, strong, (*morally*) good,
    virtuous

Ἀγαμέμνων, -ονος, ὁ Agamemnon

ἀγγελίᾱ, -ᾱς, ἡ news

ἀγγέλλω, ἀγγελῶ, ἤγειλα, ἤγγελκα,
    ἤγγελμαι, ἠγγέλθην announce,
    report

ἄγγελος, -ου, ὁ, ἡ messenger

ἀγεννής, -ές of no family, low-born,
    ignoble

ἀγνώς, -ῶτος, ὁ, ἡ unknown person

ἀγορά, -ᾱς, ἡ marketplace, market

ἀγοράζω, ἀγοράσω, ἠγόρασα, ἠγόρακα,
    ἠγόρασμαι, ἠγοράσθην be in the
    marketplace, shop

ἀγορεύω, ἀγορεύσω, ἠγόρευσα, ἠγόρευκα,
    ἠγόρευμαι, ἠγρορεύθην speak in
    the assembly, proclaim, declare

ἄγρᾱ, -ᾱς, ἡ game, wild prey

ἄγριος, -ᾱ, -ον wild, savage

ἄγροικος, -ον rustic, boorish,
    unsophisticated

ἀγύρτης, -ου, ὁ mendicant priest

ἄγω, ἄξω, ἤγαγον, ἦχα, ἦγμαι, ἤχθην lead

ἀγών, -ῶνος, ὁ contest, competition,
    struggle

ἀγωνίζομαι, ἀγωνιοῦμαι, ἠγωνισάμην, —,
    ἠγώνισμαι, ἠγωνίσθην compete

ἀδελφή, -ῆς, ἡ sister

ἀδελφός, -οῦ (*voc. sg.* ἄδελφε), ὁ brother

Ἅιδης, -ου, ὁ Hades

ἀδικέω, ἀδικήσω, ἠδίκησα, ἠδίκηκα,
    ἠδίκημαι, ἠδικήθην do wrong
    to, injure

ἀδίκημα, -ατος, τό wrong-doing

ἀδικίᾱ, -ᾱς, ἡ injustice, wrong, injury

ἄδικος, -ον unjust, wrong

ἀδύνατος, -ον powerless, unable,
    incapable, impossible

ᾄδω (= ἀείδω), ᾄσομαι, ᾖσα, —, ᾖσμαι,
    ᾔσθην sing

ἀεί (*adv.*) always, ever

ἀείμνηστος, -ον ever to be remembered

ἀθάνατος, -ον immortal, undying

Ἀθηνᾶ, -ᾶς, ἡ Athena

Ἀθήναζε (*adv.*) to Athens

Ἀθηναῖοι, -ων, οἱ Athenians

Ἀθηναῖος, -ᾱ, -ον Athenian

ἄθλιος, -ᾱ, -ον struggling, wretched,
    miserable

ἀθρόος, -ᾱ, -ον en masse, all together,
    as a whole

Ἄθως, -ω, ὁ Athos (*peninsula in
    northern Greece*)

Αἴᾱς, Αἴαντος, ὁ Ajax

αἰδήμων, -ον modest, respectful

ἀΐδιος, -ον everlasting, permanent

αἰδώς, -οῦς, ἡ sense of shame, modesty,
    self-respect

Αἰνείᾱς, -ου, ὁ Aeneas

αἰνέω, αἰνέσω, ᾔνεσα, ᾔνεκα, ᾔνημαι,
    ᾐνέθην speak in praise of, praise

αἴνιγμα, -ατος, τό riddle

αἱρέω, αἱρήσω, εἷλον (*stem* = ἑλ-), ᾕρηκα,
    ᾕρημαι, ᾑρέθην take; (*mid.*)
    choose; (*pass.*) be chosen

αἰσθάνομαι, αἰσθήσομαι, ᾐσθόμην, —,
    ᾔσθημαι, — (+ *acc./gen. or
    ptcple., infin., or* ὅτι/ὡς *in indir.
    disc.*) perceive, sense

αἰσχίων, -ῑον (*comp. of* αἰσχρός, -ά, -όν)
    more shameful, more disgraceful

αἰσχρός, -ά, -όν shameful, disgraceful

αἰτέω, αἰτήσω, ᾔτησα, ᾔτηκα, ᾔτημαι,
    ᾐτήθην (+ *double accusative*)
    ask (*someone*) for, beseech
    (*someone*) for, request

αἰτίᾱ, -ᾱς, ἡ blame, guilt, responsibility,
    accusation, charge, cause

αἴτιος, -ᾱ, -ον blameworthy; (+ *gen.*)
    guilty (of), responsible (for)

αἰχμάλωτος, -ον taken by the spear,
    seized from the enemy, captured

αἰχμητής, -οῦ, ὁ spearman, warrior

ἀκόλαστος, -ον   unpunished,
    undisciplined, unchecked,
    intemperate
ἀκολασίᾱ, -ᾱς, ἡ   lack of discipline,
    intemperance, licentiousness
ἀκόντισις, -εως, ἡ   use of the spear, spear-
    throwing
ἀκοσμίᾱ, -ᾱς, ἡ   disorderliness,
    unseemliness
ἀκούω, ἀκούσομαι, ἤκουσα, ἀκήκοα, —,
    ἠκούσθην   (+ gen. of person
    heard or acc. of thing heard) hear,
    listen, listen to
ἄκρον, -ου, τό   highest point, peak,
    summit
Ἀλέξανδρος, -ου, ὁ   Alexander
ἀλήθεια, -ᾱς, ἡ   truth
ἀληθής, -ές   true, real, sincere
ἀλίσκομαι, ἁλώσομαι, ἑάλων, ἑάλωκα,
    —, —   be captured, be caught, be
    convicted
ἀλλά (ἀλλ')   (conj.) but; ἀλλ' ἤ = other
    than, except
ἀλλάττω, ἀλλάξω, ἤλλαξα, ἤλλαχα,
    ἤλλαγμαι, ἠλλάχθην or
    ἠλλάγην   change, alter; (mid. +
    acc. & gen.) take (something) in
    exchange for (something)
ἀλλήλων, -οις/-αις, -ους/- ᾱς/-α
    (reciprocal pron.) of one another,
    to one another, one another
ἄλλοθι   (adv.) at another place, in another
    place
ἄλλος, -η, -ο   other, another
ἄλλοσε   (adv.) to another place
ἀλλότριος, -ᾱ, -ον   belonging to another,
    foreign, strange
ἀλλόφυλος, -ον   belonging to another
    tribe, foreign
ἄλλως   (adv.) in another way, in a
    different way, otherwise; ἄλλως
    τε καί = especially
ἄλογος, -ον   without speech, illogical
ἀλφιταμοιβός, -οῦ, ὁ   barley-dealer, grain-
    seller
ἅμα   (adv.) at the same time, together,
    jointly; (prep. + dat.) at the same
    time with, together with

ἅμαξα, -ης, ἡ   cart, wagon
ἁμαρτάνω, ἁμαρτήσομαι, ἥμαρτον,
    ἡμάρτηκα, ἡμάρτημαι,
    ἡμαρτήθην   go astray, make a
    mistake, fail, err, sin; (+ gen.) miss
    (a target), miss out on
ἁμαρτίᾱ, -ᾱς, ἡ   mistake, failure, error,
    sin
ἀμελέω, ἀμελήσω, ἠμέλησα, ἠμέληκα,
    —, —   (+ gen.) not care (for), be
    neglectful (of)
ἀμύνω, ἀμυνῶ, ἤμῡνα, —, —, —   keep off,
    ward off, repel; (+ dat.) defend
ἀμφί (ἀμφ')   (prep. + gen.) about,
    concerning; (prep. + acc.) around
    (basic meaning of ἀμφί = on both
    sides of); ἀμφ' before a vowel
ἀμφότερον   (adv.) in both respects, equally
ἀμφότερος, -ᾱ, -ον   both, each (of two)
ἄν   particle used with subjunctive in
    protasis of present general or
    future more vivid condition,
    with indicative in apodosis of
    contrary-to-fact condition, with
    optative in apodosis of future less
    vivid condition, or with potential
    optative
ἀναβαίνω   go up, mount (see βαίνω)
ἀναβάλλω   put off, defer, postpone (see
    βάλλω)
ἀναγκάζω, ἀναγκάσω, ἠνάγκασα,
    ἠνάγκακα, ἠνάγκασμαι,
    ἠναγκάσθην   force
ἀναγκαῖος, -ᾱ, -ον   necessary; (as a neut.
    pl. substantive) necessities
ἀνάγκη, -ης, ἡ   (+ dat., infin., and implied
    ἐστί) (there is) a necessity (for...
    to...), (it is) necessary (for...to...),
    (it) must come about
ἀναίδεια, -ᾱς, ἡ   shamelessness,
    impudence
ἀναισχυντίᾱ, -ᾱς, ἡ   shamelessness
ἀνακύπτω   straighten up, stand up (see
    κύπτω)
ἀναμάρτητος, -ον   sinless, without fault
ἀνάξιος, -ον   worthless; (+ gen. or infin.)
    unworthy (of, to), not deserving
    (of, to)

ἀνδραποδώδης, -ες servile

ἀνδρεῖος, -ᾱ, -ον pertaining to men, manly, brave, courageous

ἄνδρες, -ῶν, οἱ gentlemen (vocative used in addressing an audience)

ἀνδριαντοποιός, -οῦ, ὁ statue-maker, sculptor

ἀνδριάς, -άντος, ὁ image of a man, statue

ἄνεμος, -ου, ὁ wind

ἀνεπιστήμων, -ον ignorant, unknowing

ἄνευ (prep. + gen.) without

ἀνήρ, ἀνδρός, ὁ man, husband

ἀνθρώπειος, -ᾱ, -ον human, of a human nature

ἀνθρώπινος, -η, -ον human

ἄνθρωπος, -ου, ὁ human being, person, man

ἀνόητος, -ον unintelligent, ignorant

ἀνοίγω or ἀνοίγνῡμι (imperf. ἀνέῳγον), ἀνοίξω, ἀνέῳξα, ἀνέῳχα, ἀνέῳγμαι, ἀνεῴχθην open, open up

ἀντιλέγω speak against, contradict, dispute (see λέγω)

Ἀντίλοχος, -ου, ὁ Antilochus

Ἄνυτος, -ου, ὁ Anytus

ἄνω (adv.) up, upwards

ἄξιος, -ᾱ, -ον (+ gen. or infin.) worthy (of, to), deserving (of, to)

ἀξιοτέκμαρτος, -ον worthy as evidence, credible

ἄοπλος, -ον unarmed, defenseless

ἀπαγγέλλω carry a report back, say in reply (see ἀγγέλλω)

ἀπαγορεύω forbid, prohibit (see ἀγορεύω)

ἀπάγω return, render, pay (as a tribute or honor) (see ἄγω)

ἀπαθής, -ές (+ gen.) without experience (of)

ἀπαλλάττω (+ gen.) set free (from), release (from); (mid. + gen.) cease (from), be done (with) (see ἀλλάττω)

ἀπαντάω, ἀπαντήσομαι, ἀπήντησα, ἀπήντηκα, ἀπήντημαι, ἀπηντήθην meet, go (to a place) to meet (in battle)

ἅπαξ (adv.) once

ἅπᾱς, ἅπᾱσα, ἅπᾱν all, every, whole, entire

ἀπάτη, -ης, ἡ trickery, deceit

ἄπειμι be far from, be away from, be absent (see εἰμί)

ἄπειμι go away, depart (see εἶμι)

ἄπειρος, -ον (+ gen.) unused (to), unacquainted (with)

ἀπέρχομαι go away, depart from (see ἔρχομαι)

ἀπέχω (mid. + gen.) hold back (from), abstain (from) (see ἔχω)

ἀπό (ἀπ', ἀφ') (prep. + gen.) away from; ἀπ' before smooth breathing, ἀφ' before rough breathing

ἀποδείκνῡμι point out, exhibit, produce, show forth (see δείκνῡμι)

ἀποδημίᾱ, -ᾱς, ἡ being away from home, living abroad

ἀποθνῄσκω, ἀποθανοῦμαι, ἀπέθανον, τέθνηκα, —, — (fut. perf. τεθνήξω) die, be killed

ἀποικίᾱ, -ᾱς, ἡ colony, settlement

ἀποκρῑ́νω separate, set apart, choose; (mid.) reply (see κρῑ́νω)

ἀποκτείνω, ἀποκτενῶ, ἀπέκτεινα, ἀπέκτονα, —, — kill

ἀπολαμβάνω intercept, cut off, hold back, detain (see λαμβάνω)

ἀπολείπω leave behind, abandon; (pass.) be deprived of, be separated from (see λείπω)

Ἀπόλλων, -ωνος, ὁ Apollo

ἀπόνοια, -ᾱς, ἡ loss of all sense, desperation, madness

ἀποπέμπω send away, send back, dismiss (see πέμπω)

ἀπορίᾱ, -ᾱς, ἡ difficulty, desperate situation, lack (of something), being at a loss

ἀποφαίνω show forth, display, produce; (mid.) make evident, make clear, declare (see φαίνω)

ἀποφεύγω flee from, escape from, be acquitted from (see φεύγω)

ἀποχειροβίωτος, -ον living by the work of one's hands

ἄρα (postpos. particle, never elided)

therefore, then

ἆρα (ἆρ’) (interrog. particle ἦ + inferential particle ἄρα) introduces a question not expecting a particular answer; ἆρ’ before a vowel

ἀργύριον, -ου, τό piece of silver; (pl.) money, cash

ἄρεσκος, -η, -ον pleasing, appealing

ἀρέσκω, ἀρέσω, ἤρεσα, —, —, ἠρέσθην (+ dat.) be pleasing (to), please

ἀρετή, -ῆς, ἡ virtue, excellence, valor, manliness

Ἀριαῖος, -ου, ὁ Ariaeus

Ἀρίστιππος, -ου, ὁ Aristippus

Ἀριστογείτων, -ονος, ὁ Aristogeiton

ἄριστον, -ου, τό breakfast

ἄριστος, -η, -ον (superl. of ἀγαθός, -ή, -όν) best (in ability or worth)

ἀρκέω, ἀρκέσω, ἤρκεσα, —, —, — (+ dat.) be enough (for), suffice

ἄρκτος, -ου, ἡ bear

ἁρμόζω (Attic = ἁρμόττω), ἁρμόσω, ἥρμοσα, ἥρμοκα, ἥρμοσμαι, ἡρμόσθην fit together, harmonize, join

ἁρπάζω, ἁρπάσω, ἥρπασα, ἥρπακα, ἥρπασμαι, ἡρπάσθην seize, snatch, plunder

Ἀρτάβαζος, -ου, ὁ Artabazus

Ἄρτεμις, -ιδος, ἡ Artemis

Ἀρτεμίσιον, -ου, τό Artemisium (promontory on the island of Euboea)

ἄρτι (adv.) just now

ἄρτος, -ου, ὁ bread, loaf of bread

ἀρχαῖος, -ᾱ, -ον old, former, original, ancient

ἀρχή, -ῆς, ἡ beginning, power, rule, political office

ἄρχω, ἄρξω, ἦρξα, ἦρχα, ἦργμαι, ἤρχθην (+ gen.) rule; (+ gen.) make begin; (mid. + gen., infin., or ptcple.) begin

ἄρχων, -οντος, ὁ archon (one of the 9 chief magistrates of Athens)

Ἀσίᾱ, -ᾱς, ἡ Asia

ἀσκέω, ἀσκήσω, ἤσκησα, ἤσκηκα, ἤσκημαι, ἠσκήθην practice,

exercise, train

ἄσκησις, -εως, ἡ exercise, training, building up

ἀσπάζομαι, ἀσπάσομαι, ἠσπασάμην, —, —, — greet, embrace, salute, respect

ἀσπίς, -ίδος, ἡ shield

ἀστάθμητος, -ον unsteady, unstable, uncertain

ἀστραπή, -ῆς, ἡ flash of lightning

Ἀστυάγης, -ους, ὁ Astyages

Ἀταλάντη, -ης, ἡ Atalanta

ἀτάσθαλος, -ον reckless, arrogant

ἅτε (particle + ptcple.) because of

ἀτεχνῶς (adv.) simply, really, absolutely

ἀτῑμάζω, ἀτῑμάσω, ἠτῑμασα, ἠτῑμακα, ἠτῑμασμαι, ἠτῑμάσθην hold in no honor, esteem lightly, dishonor

ἄττα (= τινά) see τις, τι

ἅττα (= ἅτινα) see ὅστις, ἥτις, ὅ τι

αὖ (adv.) again, further, moreover, besides, on the other hand, in turn

αὖθις (adv.) again, hereafter, later

αὐτόματος, -η, -ον self-acting, automatic

αὐτός, -ή, -ό same; (intens. adj.) -self, very; (pers. pron.) him, her, it, them

αὐτόχθων, -ον sprung from the land itself, indigenous

ἀφίημι send away, dismiss, let go (see ἵημι)

ἀφικνέομαι, ἀφίξομαι, ἀφῑκόμην, —, ἀφῖγμαι, — (with ἐπί or εἰς + acc.) arrive (at), come (to)

ἄφρων, -ον crazy

ἀχαριστίᾱ, -ᾱς, ἡ thanklessness, ingratitude

ἄχθομαι, ἀχθέσομαι, —, —, —, ἠχθέσθην be weighed down, be grieved, be vexed, be annoyed

Ἀχιλλεύς, -έως, ὁ Achilles

B

βαίνω, βήσομαι, ἔβην, βέβηκα, βέβαμαι, ἐβάθην walk, step, go

βάλλω, βαλῶ, ἔβαλον, βέβληκα, βέβλημαι, ἐβλήθην throw, hit (with a thrown weapon), shoot

βάρβαρος, -ου, ὁ   a barbarian, a non-
Greek
βαρύς, -εῖα, -ύ   heavy, grievous
βασιλείᾱ, -ᾱς, ἡ   kingdom
βασιλεύς, -έως, ὁ   king
βασιλεύω, βασιλεύσω, ἐβασίλευσα,
βεβασίλευκα, βεβασίλευμαι,
ἐβασιλεύθην   (+ gen.) be king
(of), rule (over), govern
βασιλικός, -ή, -όν   royal, kingly, regal
βέλτιστος, -η, -ον   (superl. of ἀγαθός, -ή,
-όν) best (morally), most virtuous
βελτῑων, -ῑον   (comp. of ἀγαθός, -ή, -όν)
better (morally), more virtuous
βίᾱ, -ᾱς, ἡ   force, violence
βιβλίον, -ου, τό   book
βιάζομαι, βιάσομαι, ἐβιασάμην, —,
βεβίασμαι, —   (+ infin.) force
one's way (to)
βίος, -ου, ὁ   life, lifetime, livelihood
βλάπτω, βλάψω, ἔβλαψα, βέβλαφα,
βέβλαμμαι, ἐβλάφθην or
ἐβλάβην   harm, hurt
βλέπω, βλέψομαι, ἔβλεψα, βέβλεφα,
βέβλεμμαι, ἐβλέφθην   see,
behold; (with εἰς + acc.) look (at)
βοάω, βοήσω, ἐβόησα, —, —, —   cry out,
shout
βοή, -ῆς, ἡ   loud cry, shout, shouting
βοηθέω, βοηθήσω, ἐβοήθησα, βεβοήθηκα,
βεβοήθημαι, ἐβοηθήθην   come/
go to offer, come/go to the rescue
Βουκεφάλᾱ, -ᾱς, ἡ   Bucephala
Βουκεφάλᾱς, -ᾱ, ὁ   Bucephalas
βουλεύω, βουλεύσω, ἐβούλευσα,
βεβούλευκα, βεβούλευμαι,
ἐβουλεύθην   (mid. voice
preferred in Attic) take counsel; (+
effort clause) plan, deliberate (how
to); (+ infin.) decide (to)
βούλομαι, βουλήσομαι, —, —,
βεβούλημαι, ἐβουλήθην   (+
infin.) wish (to), desire (to), prefer
(to)
βοῦς, βοός, ὁ, ἡ   ox, cow
βραδύς, -εῖα, -ύ   slow
βροντή, -ῆς, ἡ   thunder
βυρσοδέψης, -ου, ὁ   tanner

βωμός, -οῦ, ὁ   stand, raised platform

Γ

γαμέω, γαμῶ, ἔγημα, γεγάμηκα,
γεγάμημαι, ἐγαμήθην   take
(a woman) as a wife, marry (a
woman); (mid. + dat.) give oneself
in marriage (to a man), marry (a
man)
γάμος, -ου, ὁ   marriage, wedding
γάρ   (postpos. conj. introducing an
explanation) for, for indeed
γε (γ')   (enclitic particle) at least, at any
rate; γ' before a vowel
γείτων, -ονος, ὁ, ἡ   neighbor
γελάω, γελάσομαι, ἐγέλασα, —, —,
ἐγελάσθην   laugh; (with ἐπί +
dat.) laugh at, ridicule
γέλοιος, -ᾱ, -ον   laughable, causing
laughter
γενναῖος, -ᾱ, -ον   noble (by birth), high-
born
γεννάω, γεννήσω, ἐγέννησα, γεγέννηκα,
γεγέννημαι, ἐγεννήθην   beget,
give birth to
γεννητής, -οῦ, ὁ   one who begets, a parent
γένος, -ους, τό   race, tribe, nation, birth,
class, type, kind
γέρας, -ως, τό   prize, privilege
γέρρον, -ου, τό   oblong wicker shield
Γέτᾱς, -ου, ὁ   Geta
γῆ (= γέᾱ), γῆς, ἡ   earth, ground, land; Γῆ
= Earth (personified as a goddess)
γίγνομαι, γενήσομαι, ἐγενόμην, γέγονα,
γεγένημαι, —   be born, become,
happen; (in aorist) be
γιγνώσκω, γνώσομαι, ἔγνων, ἔγνωκα,
ἔγνωσμαι, ἐγνώσθην   (with
indir. disc. + ptcple. or ὅτι/ὡς)
recognize, come to know, know
(by observing), perceive, judge,
think; (+ complem. infin.) know
how (to)
γνώμη, -ης, ἡ   thought, mind, judgment,
opinion
γραμματεύς, -έως, ὁ   scribe
γραφή, -ῆς, ἡ   writing, drawing, painting,

lawsuit (*public prosecution*), indictment

γράφω, γράψω, ἔγραψα, γέγραφα, γέγραμμαι, ἐγράφην write, draw; (*mid.*) indict

γυναικεῖος, -ᾱ, -ον having to do with women, women's

γυνή, γυναικός, ἡ woman, wife

Γωβρύᾱς, -ᾱ, ὁ Gobryas

Δ

δαίμων, -ονος, ὁ, ἡ divine being, guardian spirit

δακρύω, δακρύσω, ἐδάκρῡσα, δεδάκρῡκα, δεδάκρῡμαι, — weep, shed tears

δάκνω, δήξομαι, ἔδακον, δέδηχα δέδηγμαι, ἐδήχθην bite, chomp, sting

δακτύλιος, -ου, ὁ ring, signet-ring

δάκτυλος, -ου, ὁ finger

δαπανάω, δαπανήσω, ἐδαπάνησα, δεδαπάνηκα, δεδαπάνημαι, ἐδεπανήθην (+ εἰς) spend (on)

δαπάνη, -ης, ἡ cost, expense

Δαρεῖος, -ου, ὁ Darius

δᾴς, δᾳδός, ἡ torch

δέ (δ') (*postpos. conj.*) and, but; δ' before a vowel

δέδοικα or **δέδια** (*pluperf.* ἐδεδοίκη or ἐδεδίη), —, ἔδεισα, —, —, — (+ *acc.*) fear, be afraid of; (+ *infin.* or *fear clause*) fear (to), be afraid (to)

δεῖ (*imperf.* ἔδει), δεήσει, ἐδέησε(ν), —, —, — (+ *gen.*) there is need (of); (+ *acc. & infin.*) it is necessary (to), one must

δείκνῡμι, δείξω, ἔδειξα, δέδειχα, δέδειγμαι, ἐδείχθην show, point out, prove

δειλός, -ή, -όν cowardly

δεινός, -ή, -όν terrible, dreadful, marvelous, clever

δεῖπνον, -ου, τό meal, dinner

δέκα (*indecl. numeral*) ten

Δελφοί, -ῶν, οἱ Delphi

δένδρον, -ου, τό tree

δεξιά, -ᾶς, ἡ right, right hand

δέομαι, δεήσομαι, —, —, δεδέημαι, ἐδεήθην (+ *gen.*) need, have need (of), stand in need (of), be in want (of); (+ *acc. of thing, gen. of person*) need (*something*) (from), have need (*of something*) (from); (+ *infin.*) need (to), have need (to)

δέος, -ους, τό fear, dread

δέρμα, -ατος, τό skin, hide

δεσμωτήριον, -ου, τό prison

δέσποινα, -ης, ἡ mistress (*of the household*), lady, Lady (*title for goddess*)

δεῦρο (*adv.*) to here, hither, to there, thither

δέχομαι, δέξομαι, ἐδεξάμην, —, δέδεγμαι, ἐδέχθην take, accept, receive

δέω, δήσω, ἔδησα, δέδεκα, δέδεμαι, ἐδέθην bind, tie, fetter, enchain

δή (*postpositive particle, can be ironic*) certainly, quite, indeed

δῆλος, -η, -ον clear, visible, evident

Δῆλος, -ου, ἡ Delos

δηλόω, δηλώσω, ἐδήλωσα, δεδήλωκα, δεδήλωμαι, ἐδηλώθην make clear, show, explain

δημοκρατίᾱ, -ᾱς, ἡ democracy, popular government

δημόσιος, -ᾱ, -ον of the people, public; δημοσίᾳ (*supply* χειρί) publicly, by the hand of the people, at the hands of the public executioner

δήποτε (*adv.*) at some time, once upon a time

διά (δι') (*prep. + gen.*) through, throughout; (*prep. + acc.*) on account of; δι' before a vowel

διάκειμαι be (*in a certain state or circumstances*) (*see* κεῖμαι)

διακινδῡνεύω, διακινδῡνεύσω, διεκινδῡνευσα, —, —, — risk all, dare all (*in battle*)

διᾱκόσιοι, -αι, -α two hundred

διαλέγω pick out; (*mid.*) have a dialogue, converse (*see* λέγω)

διανόημα, -ατος, τό thought, notion

διατελέω (+ *suppl. ptcple.*) continue, keep on, persevere (*see* τελέω)

διατριβή, -ῆς, ἡ   pastime, customary haunt, discussion, disputation

διατρίβω, διατρίψω, διέτριψα, διατέτριφα, διατέτρῑμμαι, διετρίβην   pass time

διασκεδάννῡμι, διασκεδῶ, διεσκέδασα, διεσκέδακα, διεσκέδασμαι, διεσκεδάσθην   scatter about, disperse

διαφερόντως   (adv. from pres. ptcple. of διαφέρω) (+ gen.) differently (from), exceptionally (more than)

διαφέρω   differ (see φέρω)

διαφεύγω   get away from, escape, avoid (see φεύγω)

διαφθείρω, διαφθερῶ, διέφθαρκα or διέφθορα, διέφθαρμαι, διεφθάρην   corrupt, ruin

διαφορά, -ᾶς, ἡ   difference, disagreement

διαφῡσάω, διαφῡσήσω, διεφύσησα, διαπεφύσηκα, διαπεφύσημαι, διεφῡσήθην   blow apart, blow in different directions

διδακτός, -ή, -όν   teachable

διδασκαλικός, -ή, -όν   of teaching, of instruction

διδάσκαλος, -ου, ὁ, ἡ   teacher, dramatist

διδάσκω, διδάξω, ἐδίδαξα, δεδίδαχα, δεδίδαγμαι, ἐδιδάχθην   teach

δίδωμι, δώσω, ἔδωκα, δέδωκα, δέδομαι, ἐδόθην   give

δίκαιος, -ᾱ, -ον   just, right

δικαιοσύνη, -ης, ἡ   justice, uprightness, righteousness

δικαιότης, -ητος, ἡ   justness

δικαιόω, δικαιώσω, ἐδικαίωσα, δεδικαίωκα, δεδικαίωμαι, ἐδικαιώθην   deem right, consider just

δίκελλα, -ης, ἡ   mattock, two-pronged hoe

δίκη, -ης, ἡ   justice, right, penalty, punishment, lawsuit, trial

δίκτυον, -ου, τό   net (for hunting)

Διογένης, -ους, ὁ   Diogenes

διορύττω   dig through (see ὀρύττω)

δίς   twice, doubly

δισμύριοι, -αι, -α   twenty thousand

δισχίλιοι, -αι, -α   two thousand

διψάω, διψήσω, ἐδίψησα, δεδίψηκα, —, —   be thirsty; thirst for

διώκω, διώξω, ἐδίωξα, δεδίωχα, δεδίωγμαι, ἐδιώχθην   pursue, chase, hunt, drive away, banish, persecute

δοκέω, δόξω, ἔδοξα, —, δέδογμαι, ἐδόχθην   (+ infin. in indir. disc.) think; (+ complem. infin.) seem (to); (third-pers. sg. impersonal + subj. infin.) it seems (to), it seems good (to)

δοκιμάζω, δοκιμάσω, ἐδοκίμασα, δεδοκίμακα, δεδοκίμασμαι, ἐδοκιμάσθην   test, evaluate, scrutinize

δόξα, -ης, ἡ   opinion, reputation, fame, glory

δουλείᾱ, -ᾱς, ἡ   servitude, slavery, bondage

δοῦλος, -η, -ον   enslaved

δοῦλος, -ου, ὁ   slave (male)

δραχμή, -ῆς, ἡ   drachma (unit of money and weight = 6 obols)

δύναμαι, δυνήσομαι, —, —, δεδύνημαι, ἐδυνήθην   (verbal adj. δυνατός) (+ infin.) be powerful (enough to), be able (to), can

δύναμις, -εως, ἡ   power, force, strength; military force, troops; military might, capability, resources

δυναστείᾱ, -ᾱς, ἡ   ruling power, oligarchy

δύο (nom., acc., voc.), δυοῖν (gen., dat.)   two

δώδεκα   (indecl. numeral) twelve

δῶρον, -ου, τό   gift

δωρέω, δωρήσω, ἐδώρησα, δεδωρήκα, δεδώρημαι, ἐδωρήθην   (usually mid.) give, present

Δωριεύς, -έως, ὁ   Dorian

Ε

ἐάν   contraction of εἰ ἄν

ἑαυτοῦ, -ῆς, -οῦ (αὑτοῦ, -ῆς, -οῦ)   (reflex. pron.) himself, herself, itself, themselves

ἐάω, ἐάσω, εἴασα, εἴακα, εἴαμαι,
  εἰάθην let (something) go, pass
  over, be done with; (+ infin.)
  permit (to), allow (to)
ἐγγίγνομαι (+ dat.) be born in, be innate
  in, happen in, develop in (see
  γίγνομαι)
ἐγγύς (adv.) near; (prep. + gen.) near (to),
  close (to)
ἐγείρω, ἐγερῶ, ἤγειρα, ἐγήγερκα,
  or ἐγρήγορα, ἐγήγερμαι,
  ἠγέρθην wake up, rouse, stir up
ἐγκωμιάζω, ἐγκωμιάσω, ἐνεκωμίασα,
  ἐγκεκωμίακα, ἐγκεκωμίασμαι,
  ἐνεκωμιάσθην praise, laud, extol
ἐγχειρέω, ἐγχειρήσω, ἐνεχείρησα,
  ἐγκεχείρηκα, ἐγκεχείρημαι,
  ἐνεχειρήθην undertake, attempt
ἐγώ (pers. pron.) I
ἔγωγε I at least, for my part
ἐθελοντής, -οῦ, ὁ volunteer
ἐθέλω, ἐθελήσω, ἠθέλησα, ἠθέληκα, —,
  — (+ infin.) be willing (to), wish
  (to)
ἐθίζω, ἐθιῶ, εἴθισα, εἴθικα, εἴθισμαι,
  εἰθίσθην (+ infin.) be
  accustomed (to), be used (to)
ἔθος, -εος, τό custom, habit
εἰ (conj. introducing an indir. question)
  whether; (conj. introducing
  protasis of a condition) if
εἰ γάρ (particles introducing a wish) if
  only, would that
εἰ μή (conj. introducing protasis of a
  condition) if not, unless
εἴδωλον, -ου, τό outward image, likeness
εἶεν (particle indicating a transition) well
  then, so far so good
εἴθε (εἴθ᾽) (particle introducing a wish)
  if only, would that; εἴθ᾽ before a
  vowel
εἰκάζω, εἰκάσω, εἴκασα, εἴκακα, εἴκασμαι,
  εἰκάσθην portray, represent (by
  an image); conjecture, imagine,
  guess
εἴκοσι(ν) (indecl. numeral) twenty
εἰ μή (conj. introducing protasis of a
  negative condition) if not, unless

εἰμί (imperf. ἦ or ἦν), ἔσομαι, —, —, —,
  — be, exist; (third-pers. sg. with
  acc. + infin.) it is possible (to)
εἶμι, —, —, —, —, — go, proceed, come,
  travel
εἴπερ (= εἰ + περ) if really, if indeed, even
  if
εἴργω, ἔρξω, ἔρξα, —, ἔργμαι,
  ἔρχθην shut in, keep, keep
  enclosed, bar
εἰρήνη, -ης, ἡ peace
εἰρηνοποιός, -οῦ, ὁ peacemaker
εἰς (prep. + acc.) into, to
εἷς, μία, ἕν one
εἰσαῦθις hereafter, afterwards
εἴσοδος, -ου, ἡ entrance, entryway
εἶτα (adv.) then, next, and then, and so,
  consequently
ἐκ (prep. + gen.) out of; ἐξ before a vowel
ἕκαστος, -η, -ον each, every (sg. often
  used with a plural verb)
ἐκβάλλω throw out, reject (see βάλλω)
ἐκεῖθεν (adv.) from there, thence
ἐκεῖνος, -η, -ο (dem. adj./pron.) that,
  those, the well-known, the former
ἐκεῖσε (adv.) to there, thither
ἐκκλησίᾱ, -ᾱς, ἡ assembly
ἐκκράζω cry out (see κράζω)
ἔκπωμα, -ατος, τό drinking-cup, beaker
ἐκτείνω, ἐκτενῶ, ἐξέτεινα, ἐκτέτακα,
  ἐκτέταμαι, ἐξετάθην stretch out,
  extend
ἐκτρέφω bring up from childhood, rear
  (see τρέφω)
ἐκφέρω carry out, carry away, bring forth,
  produce, bring out, exhibit (see
  φέρω)
ἐκφεύγω flee out of, escape, get beyond
  (see φεύγω)
ἐλαύνω, ἐλῶ, ἤλασα, ἐλήλακα, ἐλήλαμαι,
  ἠλάθην set in motion, drive,
  ride; (mid.) gallop
ἐλέγχω, ἐλέγξω, ἤλεγξα, —, ἐλήλεγμαι,
  ἠλέγχθην disgrace, shame,
  disprove, refute
ἐλεέω, ἐλεήσω, ἠλέησα, ἠλέηκα, ἠλέημαι,
  ἠλεήθην show mercy to, treat
  kindly

ἐλεήμων, -ον   merciful, compassionate

ἐλευθερίᾱ, -ᾱς, ἡ   freedom, liberty

ἐλεύθερος, -ᾱ, -ον   free; (+ gen.) free of, free from

Ἑλλάς, -άδος, ἡ   Greece, Hellas

Ἕλλην, -ηνος, ὁ, ἡ   a Hellene, a Greek

Ἑλλήσποντος, -ου, ὁ   Hellespont (*strait between Europe and Asia*)

ἐλπίς, -ίδος, ἡ   (+ gen. or infin.) hope (of, to)

ἐμμένω   (+ dat.) remain in, abide by, accept (see μένω)

ἐμός, -ή, -όν   (*poss. adj.*) my, mine, my own

ἐμπνέω (-έω *does not contract*), ἐμπνεύσομαι, ἐνέπνευσα, —, —, — breathe, live, be alive

ἐμποδών   (*adv.*) in the way, obstructing, preventing

ἐν   (*prep. + dat.*) in

ἐναντίος, -ᾱ, -ον   (+ dat.) opposite (to), adverse (to), contradictory (to); (as a substantive) opponent, adversary

ἐνδεής, -ές   (+ gen.) wanting, lacking, in need of

ἔνειμι   be in, exist in, be found in, be present, be in one's power, be possible (see εἰμί)

ἕνεκα   (*postpos. prep. + gen.*) for the sake of, on account of

ἐνενήκοντα   ninety

ἐνέχω   hold within; (*mid. + dat.*) be liable (to), be subject (to) (see ἔχω)

ἐνθύμημα, -ατος, τό   thought, plan, intention

ἔνθα   (*adv.*) here, there, hither, thither

ἐνθάδε   (*adv.*) at this place, in this place, here, at that place, in that place, there, to this place, hither, to that place, thither

ἔνιοι, -αι, -α   some

ἐνίοτε   (= ἐνι- + ὅτε) (*adv.*) sometimes, at times

ἐνταῦθα   (*adv.*) at this place, in this place, here, at that place, in that place, there, hither, thither

ἔντεχνος, -ον   involving a craft, artistic, mechanical

ἐντυγχάνω   (+ gen.) chance upon, meet (see τυγχάνω)

ἐξανίημι   send forth, let loose, slacken, relax (see ἵημι)

ἐξανίστημι   (*intrans.*) rise up from one's seat (see ἵστημι)

ἐξαπίνης   (*adv.*) suddenly

ἐξελέγχω   convict, confute, silence (see ἐλέγχω)

ἐξέρχομαι   go out, come out, march forth (see ἔρχομαι)

ἔξεστι(ν), ἐξέσται, —, —, —, —   (+ dat. & infin.) it is possible (to), it is allowed (to)

ἐξευρίσκω   find out, discover (see εὑρίσκω)

ἐξοπλίζω, ἐξοπλίσω, ἐξώπλισα, —, ἐξώπλισμαι, ἐξωπλίσθην   arm completely; (*mid.*) arm oneself, get under arms

ἔξω   (*adv.*) outside

ἔξωθεν   (*adv.*) from without

ἐπάγω   bring in, invite (see ἄγω)

ἐπᾴδω   (+ dat.) sing incantations (to), enchant, charm (see ᾄδω)

ἐπαινέω   praise, commend, approve of (see αἰνέω)

ἐπαγγέλλω   tell, proclaim, announce; command, give orders (see ἀγγέλλω)

ἐπανέρχομαι   go back, return, recapitulate (see ἔρχομαι)

ἐπεί   (*conj.*) when, after, since, because

ἐπειδάν   contraction of ἐπειδή + ἄν

ἐπειδή   (*conj.*) when, after, since, because

ἔπειμι   be upon, be affixed, be attached, remain (see εἰμί)

ἔπειτα   (*adv.*) then, next

ἐπί (ἐπ', ἐφ')   (*prep. + gen.*) upon, on (*the surface of*), in the time of, in the direction of; (*prep. + dat.*) on, at, by (*location*); (*prep. + acc.*) to, against (*basic meaning of* ἐπί = upon); ἐπ' before smooth breathing, ἐφ' before rough breathing

ἐπίδειγμα, -ατος, τό   display, illustration

ἐπιδημέω, ἐπιδημήσω, ἐπεδήμησα,

ἐπιδεδήμηκα, —, — be at home, stay at home

ἐπιδίδωμι give, hand (see δίδωμι)

ἐπιθῡμέω, ἐπιθῡμήσω, ἐπεθύμησα, ἐπιτεθύμηκα, ἐπιτεθύμημαι, ἐπεθῡμήθην (+ gen.) have desire (of), desire; (+ infin.) desire (to)

ἐπιθῡμίᾱ, -ᾱς, ἡ desire, passion, longing

ἐπιλανθάνομαι, ἐπιλήσομαι, ἐπελαθόμην, —, ἐπιλέλησμαι, — (+ gen.) be forgetful (of), forget (see λανθάνω)

ἐπιμελέομαι, ἐπιμελήσομαι, —, —, ἐπιμεμέλημαι, ἐπεμελήθην (+ gen.) take care (of); (+ infin. or effort clause) take care (to), take care (that), see to it (how)

ἐπιμέλεια, -ᾱς, ἡ care, attention

Ἐπιμηθεύς, -έως, ὁ Epimetheus

ἐπινοέω have in mind, think of, plan, intend (see νοέω)

ἐπιορκίᾱ, -ᾱς, ἡ false oath

ἐπιπέμπω send besides, send again, send against (see πέμπω)

ἐπιπλήττω, ἐπιπλήξω, ἐπέπληξα, ἐπιπέπληγα, ἐπιπέπληγμαι, ἐπεπλάγην (+dat.) strike at, rebuke, (see πλήττω)

ἐπισκοπέω look over, examine, reflect on (see σκοπέω)

ἐπισκώπτω laugh at, make fun of, kid (see σκώπτω)

ἐπιστολή, -ῆς, ἡ letter, message

ἐπιτήδειος, -ᾱ, -ον necessary; (as a substantive) necessities of life

ἐπιτίθημι place upon, apply, impose, inflict (see τίθημι)

ἐπιφέρω make war, bring against, put upon, impose (see φέρω)

ἐπιχειρέω, ἐπιχειρήσω, ἐπεχείρησα, ἐπικεχείρηκα, ἐπικεχείρημαι, ἐπεχειρήθην (+ infin.) undertake (to), attempt (to)

ἐπῳδός, -οῦ, ὁ singer of incantations, enchanter, charmer

ἔπος, -ους, τό word; (pl.) poems, poetry

ἑπτά (indecl. numeral) seven

ἐργάζομαι, ἐργάσομαι, εἰργασάμην, —, εἴργασμαι, εἰργάσθην labor;

labor at, perform, accomplish

ἔργον, -ου, τό work, task, occupation, deed

Ἑρμῆς, -οῦ, ὁ Hermes

Ἑρμοκράτης, -ους, ὁ Hermocrates

ἐρυθριάω, ἐρυθριᾱσω, ἠρυθρίᾱσα, —, ἠρυθρίᾱσμαι, — blush

ἔρχομαι, ἐλεύσομαι, ἦλθον (imper. ἐλθέ— irreg. accent in sg.), ἐλήλυθα, —, — go, come, travel

ἐρωτάω, ἐρωτήσω, ἠρώτησα, ἠρώτηκα, ἠρώτημαι, ἠρωτήθην (+ double acc.) ask, question

ἐσθίω, ἔδομαι, ἔφαγον, ἐδήδοκα, ἐδήδεσμαι, ἠδέσθην eat

ἑσπέρᾱ, -ᾱς, ἡ evening

ἑταίρᾱ, -ᾱς, ἡ comrade (female), companion (female), courtesan

ἑταῖρος, -ου, ὁ comrade (male), companion (male)

ἕτερος, -ᾱ, -ον the one (of two), the other (of two), different

ἑτέρωσε (adv.) to the other side, on the other side

ἔτι (adv.) still, yet, longer

ἕτοιμος, -η, -ον (+ infin.) ready (to)

ἔτος, -ους, τό year

εὖ (adv.) well, kindly

εὐδαιμονίᾱ, -ᾱς, ἡ happiness, prosperity

εὐδαίμων, -ον happy, fortunate, prosperous

Εὐθύφρων, -ονος, ὁ Euthyphro

εὐθύς (adv.) immediately; (+ ptcple.) right from the time when

εὔκλεια, -ᾱς, ἡ good repute, glory

εὐπορίᾱ, -ᾱς, ἡ easy means of providing, resource, facility, advantage

εὕρημα, -ατος, τό invention, discovery

εὑρίσκω (imperf. εὕρισκον or ηὕρισκον), εὑρήσω, εὗρον or ηὗρον, εὕρηκα or ηὕρηκα, εὕρημαι or ηὕρημαι, εὑρέθην or ηὑρέθην find, find out, discover

Εὐρώπη, -ης, ἡ Europe

εὐσέβεια, -ᾱς, ἡ reverence, piety

εὔχομαι, εὔξομαι, ηὐξάμην, —, ηὖγμαι, — pray, make a vow, promise

Ἐχεκράτης, -ους, ὁ Echecrates

ἐχθρός, -ά, -όν   (+ *dat.*) hateful (to), hostile
(to); (*as a substantive*) enemy
(*personal*)

ἔχω (*imperf.* εἶχον), ἕξω *or* σχήσω, ἔσχον,
ἔσχηκα, ἔσχημαι, ἐσχέθην   have,
hold, possess; (+ *infin.*) be able
(to), can; fare; (*mid.* + *partitive
gen.*) hold on to, clutch at

ἕως   (*conj.*) while, as long as, until

Z

ζάω, ζήσω, —, —, —, —   live

ζεύγνῡμι, ζεύξω, ἔζευξα, —, ἔζευγμαι,
ἐζεύχθην   yoke, bind together,
bridge

Ζεύς, Διός, ὁ   Zeus

ζητέω, ζητήσω, ἐζήτησα, ἐζήτηκα,
ἐζήτημαι, ἐζητήθην   seek, search
for, investigate; (+ *infin.*) seek (to)

ζήτησις, -εως, ἡ   investigation, inquiry

ζῷον, -ου, τό   animal

H

ἤ   (*conj.*) or; (*conj. following a
comparative*) than

ἤ   (*interrog. particle*) introduces a question
not expecting a particular answer

ᾗ   (*fem. dat. sg. of rel. adj., used as rel.
adv.*) in which way, how

ἡγεμών, -όνος, ὁ   leader, commander,
guide

ἡγέομαι, ἡγήσομαι, ἡγησάμην, —, ἥγημαι,
—   (+ *gen.*) lead, be leader (of),
guide; suppose, believe, regard

ἤδη   (*adv.*) already

ἥδιστος, -η, -ον   (*superl. of* ἡδύς, -εῖα, -ύ)
sweetest, most pleasant

ἡδίων, ἥδιον   (*comp. of* ἡδύς, -εῖα, -ύ)
sweeter, more pleasant

ἥδομαι, ἡσθήσομαι, —, —, —, ἥσθην   (+
dat.) take delight (in), be pleased
(with)

ἡδονή, -ῆς, ἡ   delight, enjoyment, pleasure

ἡδύς, -εῖα, -ύ   sweet, pleasant

ἡλικίᾱ, -ᾱς, ἡ   age, prime of life

ἡλικιώτης, -ου, ὁ   person equal in age

ἥλιος, -ου, ὁ   sun; Ἥλιος = Sun

(*personified as a god*)

ἥκιστα   (*superl. adv. of* κακός, -ή, -όν)
least of all

ἥκω, ἥξω, —, —, —, —   have come (*pres.
has perf. sense*), come, arrive, be
present

ἡμεῖς   (*pers. pron.*) we, us

ἡμέρᾱ, -ᾱς, ἡ   day

ἡμέτερος, -ᾱ, -ον   (*poss. adj.*) our, ours,
our own

ἡσυχίᾱ, -ᾱς, ἡ   leisure, stillness,
tranquility

ἡττάομαι, ἡττήσομαι, —, —, ἥττημαι,
ἡττήθην   be less (*than another*),
be inferior, give way, yield,
concede

ἥττων, -ον   (*comp. of* κακός, -ή, -όν) worse
(*in might*), weaker, less

Ἥφαιστος, -ου, ὁ   Hephaestus

Θ

θάλαττα, -ης, ἡ   sea

θάνατος, -ου, ὁ   death; Θάνατος = Death
(*personified as a god*)

θαρρέω, θαρρήσω, ἐθάρρησα, τεθάρρηκα,
τεθάρρημαι, ἐθαρρήθην   be of
good courage, take heart, feel
confident

θάτερον   (*crasis of* τὸ ἕτερον) the other,
another (*of two*)

θάττων, θᾶττον   (*comp. of* ταχύς, -εῖα, -ύ)
faster, quicker, swifter

θαυμάζω, θαυμάσομαι, ἐθαύμασα,
τεθαύμακα, τεθαύμασμαι,
ἐθαυμάσθην   marvel (at), be
amazed (at), be surprised (at),
admire; (+ ὅτι *clause*) marvel
(that), be surprised (that)

θαυμαστός, -ή, -όν   wondrous, marvelous,
amazing, surprising

θεά, -ᾶς, ἡ   goddess

θεᾱτής, -οῦ, ὁ   spectator

θέᾱτρον, -ου, τό   theater

θεός, -οῦ (*voc. sg.* θεός *or* θεέ), ὁ, ἡ   god,
goddess

θεράπαινα, -ης, ἡ   servant (*female*), maid

Θερμοπύλαι, -ῶν, αἱ   Thermopylae

(*mountain pass in Thessaly*)

θέω, θεύσομαι   (*other tenses supplied by*
   τρέχω) run

θεωρίᾱ, -ᾱς, ἡ   viewing (*of a spectacle*),
   viewing a spectacle, attending
   a festival; mission, embassy,
   pilgrimage

θηρίον, -ου, τό   wild animal, beast, game

θηριώδης, -ες   beast-like, wild, savage,
   brutal

θησαυρός, -οῦ, ὁ   treasure, treasury,
   storehouse

Θησεύς, -έως, ὁ   Theseus

Θήχης, -ου, ὁ   Theches (*mountain in
   northeastern Turkey*)

θρηνέω, θρηνήσω, ἐθρήνησα, τεθρήνηκα,
   τεθρήνημαι, ἐθρηνήθην   sing a
   dirge, wail

θρόνος, -ου, ὁ   seat, chair, throne

θυγάτηρ, -τρός, ἡ   daughter

θῡμός, -οῦ, ὁ   soul, spirit, heart; will,
   passion

θύρᾱ, -ᾱς, ἡ   door

θύω, θύσω, ἔθῡσα, τέθυκα, τέθυμαι,
   ἐτύθην   offer sacrifice, sacrifice,
   slay

Ι

Ἰάσων, Ἰάσονος, ὁ   Jason

ἰᾱτρός, -οῦ, ὁ   doctor

ἴδιος, -ᾱ, -ον   private, one's own, personal

ἰδιώτης, -ου, ὁ   private citizen, a non-
   professional, individual

ἱερόν, -οῦ, τό   holy place, temple

ἵημι, ἥσω, ἧκα, εἷκα, εἷμαι, εἵθην   set in
   motion, let go, send, throw; (*mid.
   + infin.*) hasten (to), be eager (to)

Ἰησοῦς, -οῦ, -οῦ, -οῦν, -οῦ, ὁ   Jesus

ἱκανός, -ή, -όν   (*+ infin. or dat.*) sufficient
   (to, for), enough (to, for)

ἱκετείᾱ, -ᾱς, ἡ   supplication, pleading,
   begging

ἱμάτιον, -ου, τό   cloak; (*pl.*) clothing

ἵνα   (*conj. introducing purp. clause*) in
   order that

ἵνα μή   (*conj. introducing neg. purp.
   clause*) lest, in order that...not

Ἰνδοί, -ῶν, οἱ   Indians, people of India

ἱππείᾱ, -ᾱς, ἡ   cavalry

ἱππεύς, -έως, ὁ   horseman, cavalryman;
   (*pl.*) cavalry

Ἱππίᾱς, -ου, ὁ   Hippias

ἵππος, -ου, ὁ, ἡ   horse, mare

Ἰσθμός, -οῦ, ὁ   Isthmus (*of Corinth*)

ἵστημι, στήσω, ἔστησα *or* ἔστην,
   ἔστηκα (*pluperf.* εἱστήκη),
   ἔσταμαι, ἐστάθην (*fut. perf.*
   ἑστήξω)   make stand, set (up);
   (*perf. act.*) have stood (up), am
   standing; (*pluperf.*) had stood (up),
   was standing; (*second aor. act.*)
   stood (up); (*fut. perf. act.*) will be
   standing

ἴσως   (*adv. of* ἴσος, -η, -ον) fairly, perhaps,
   probably

ἰχθύς, -ύος, ὁ   fish

Ἰωνίᾱ, -ᾱς, ἡ   Ionia

Κ

καθαρεύω, καθαρεύσω, ἐκαθάρευσα, —,
   —, —   be clean (*from bloodshed*),
   be pure

καθαρός, -ά, -όν   clean, pure

καθ' ἕνα   one by one, singly

καθεύδω (*imperf.* καθηῦδον), καθευδήσω,
   —, —, —, —   sleep, be asleep

κάθημαι   (*used only in perf. mid., with
   pres. sense*) sit

καθίζω, καθιῶ, ἐκάθισα, —, —, —   sit
   down, seat, set, place, sit

καθίστημι   set down, establish (*see*
   ἵστημι)

καί   (*conj.*) and; (*adv.*) also, even

καινός, -ή, -όν   new, fresh

καιρός, -οῦ, ὁ   opportunity, suitable
   moment

κακίᾱ, -ᾱς, ἡ   badness, wickedness, vice

κακός, -ή, -όν   ugly, bad (*at doing a thing*),
   cowardly, weak, (*morally*) bad,
   evil, wicked

κακῶς   (*adv.*) badly, wickedly

καλέω, καλῶ, ἐκάλεσα, κέκληκα,
   κέκλημαι, ἐκλήθην   call,
   summon, invite, name

καλός, -ή, -όν   beautiful, handsome, fair
    (of appearance), (morally) good,
    fine, noble
Καλλικλῆς, -έους, ὁ   Callicles
Καλλιόπη, -ης, ἡ   Calliope
κάλλιστος, -η, -ον   (superl. of καλός, -ή,
    -όν) most beautiful, finest
καλλίων, -ῑον   (comp. of καλός, -ή, -όν)
    more beautiful, finer
κάλλος, -ους, τό   beauty, handsomeness
Καλυψώ, -οῦς, ἡ   Calypso
καματηρός, -ά, -όν   toilsome,
    troublesome, wearisome
κάμπτω, κάμψω, ἔκαμψα, —, κέκαμμαι,
    ἐκάμφθην   bend, turn; (mid.)
    give way, waver
καρδίᾱ, -ᾱς, ἡ   heart
κατά (κατ᾽, καθ᾽)   (prep. + gen.) down
    from, against; (prep. + acc.)
    down, down along, in accordance
    with, according to, by (in various
    idioms); κατ᾽ before smooth
    breathing, καθ᾽ before rough
    breathing
καταβλέπω   look down at (see βλέπω)
καταγελάω   mock, laugh at, scorn (see
    γελάω)
καταδεής, -ές   wanting, lacking (comp.
    adj. = weaker, inferior)
κατακρῑνω   condemn, pass judgment
    against (see κρῑνω)
καταλαμβάνω   catch, take by surprise,
    come upon, find (on arrival) (see
    λαμβάνω)
καταλείπω   leave behind, bequeath (see
    λείπω)
καταλλάττω   (+ dat.) change over to
    friendship (with), reconcile (with)
    (see ἀλλάττω)
κατάλυσις, -εως, ἡ   dissolution, ruin,
    breakdown, dismissal, termination
    (of a war)
κατασκευή, -ῆς, ἡ   furnishing (of a tent)
κατασπάω   pull down, drag down (see
    σπάω)
κατατέμνω   cut into pieces, cut up (see
    τέμνω)
καταφρονέω, καταφρονήσω,

κατεφρόνησα, καταπεφρόνηκα,
    καταπεφρόνημαι, κατεφρονήθην
    (+ gen.) think little of, disdain,
    scorn
κατεσθίω   eat up, devour (see ἐσθίω)
κατηγορέω, κατηγορήσω, κατηγόρησα,
    κατηγόρηκα, κατηγόρημαι,
    κατηγορήθην   speak against,
    denounce
κατήγορος, -ου, ὁ   accuser, prosecutor
κάτω   (adv.) down, downwards; τὰ κάτω
    the downstairs
καῦμα, -ατος, τό   burning heat
Κέβης, -ητος, ὁ   Cebes
κεῖμαι, κείσομαι, —, —, —, —   lie, lie
    asleep, lie dead, be laid down, be
    placed, be situated, rest
κελεύω, κελεύσω, ἐκέλευσα, κεκέλευκα,
    κεκέλευσμαι, ἐκελεύσθην   (with
    acc./dat. + infin.) order (to),
    command (to), urge (to)
κενός, -ή, -όν   empty, empty-handed; vain,
    futile
κεφαλή, -ῆς, ἡ   head
κήδω, κηδήσω, ἐκήδησα, κέκηδα, —,
    —   worry, trouble, distress;
    (pass. + gen.) be worried (about),
    be troubled (about), be distressed
    (over)
κίνδῡνος, -ου, ὁ   danger, risk
Κλέαρχος, -ου, ὁ   Clearchus
κλέπτω, κλέψω, ἔκλεψα, κέκλοφα,
    κέκλεμμαι, ἐκλάπην   steal
Κλέων, -ωνος, ὁ   Cleon
κληρονομέω, κληρονομήσω,
    ἐκληρονόμησα,
    κεκληρονόμηκα, —, —   inherit,
    receive (as one's share of an
    inheritance)
κλῑνη, -ης, ἡ   couch, bed
κλώψ, κλωπός, ὁ   thief
κοινῇ   (dat. fem. of κοινός, -ή, -όν used as
    adv.) in common, jointly
κοινός, -ή, -όν   (+ dat or gen.) common (to)
κοινωνέω, κοινωνήσω, ἐκοινώνησα,
    κεκοινώνηκα, κεκοινώνημαι,
    ἐκοινωνήθην   have a share in
    community, associate

κοινωνίᾱ, -ᾱς, ἡ   community, association, fellowship

κολάζω, κολάσω, ἐκόλασα, κεκόλακα, κεκόλασμαι, ἐκολάσθην   punish, chastise, discipline, check, correct

κολωνός, -οῦ, ὁ   hill, heap, pile

κομίζω, κομιῶ, ἐκόμισα, κεκόμικα, κεκόμισμαι, ἐκομίσθην   care for, carry, escort; (mid.) acquire

κόπτω, κόψω, ἔκοψα, κέκοφα, κέκομμαι, ἐκόπην   strike, cut, chop, butcher

κόραξ, -ακος, ὁ   crow

κόρη, -ης, ἡ   maiden, girl, daughter

Κόρινθος, -ου, ἡ   Corinth

κοσμέω, κοσμήσω, ἐκόσμησα, κεκόσμηκα, κεκόσμημαι, ἐκοσμήθην   order, arrange

κοσμιότης, -ητος, ἡ   orderliness, decorum

κόσμος, -ου, ὁ   order, adornment, dress, ornament, world, universe

κράζω, κεκράξομαι, ἔκρᾱξα or ἔκραγον, κέκρᾱγα, —, —   caw, crow, yell, shriek, talk loudly

κρατερός, -ά, -όν   strong, mighty

κρατέω, κρατήσω, ἐκράτησα, κεκράτηκα, κεκράτημαι, ἐκρατήθην   be strong; (+ gen.) prevail (over), conquer

κράτιστος, -η, -ον   (superl. of ἀγαθός, -ή, -όν) best (in might), strongest

κρείττων, -ον   (comp. of ἀγαθός, -ή, -όν) better (in might), stronger

Κρέων, -οντος, ὁ   Creon

κρημνός, -οῦ, ὁ   overhanging bank, cliff

Κρήτη, -ης, ἡ   Crete

κρῖμα, -ατος, τό   decision, judgment, condemnation

κρίνω, κρινῶ, ἔκρῑνα, κέκρικα, κέκριμαι, ἐκρίθην   separate, choose, judge, decide (a contest or dispute)

Κριτόβουλος, -ου, ὁ   Critobulus

Κρίτων, -ωνος, ὁ   Crito

κρούω, κρούσω, ἔκρουσα, κέκρουκα, κέκρουμαι or κέκρουσμαι, ἐκρούσθην   strike, knock, hit, swat

κτάομαι, κτήσομαι, ἐκτησάμην, —,

κέκτημαι, ἐκτήθην   procure, gain, acquire

κυνηγέσιον, -ου, τό   pack of hounds; (pl.) hunting, the chase

κύπτω, κύψω, ἔκυψα, κέκῡφα, —, —   bend down, stoop

κύριος, -ου, ὁ   lord, master

Κῦρος, -ου, ὁ   Cyrus

κύων, κυνός (voc. sg. κύον), ὁ, ἡ   dog, watch-dog

κωλύω, κωλύσω, ἐκώλῡσα, κεκώλῡκα, κεκώλῡμαι, ἐκωλύθην   (+ infin.) hinder, prevent, block

Λ

λᾱός (Attic λεώς), -οῦ, ὁ   the people, common soldiers (as opposed to officers)

Λακεδαιμόνιοι, -ων, οἱ   Lacedaemonians, Spartans

Λακεδαίμων, -ονος, ἡ   Lacedaemon, Sparta

λαμβάνω, λήψομαι, ἔλαβον, εἴληφα, εἴλημμαι, ἐλήφθην   take, receive, grasp, understand

λανθάνω, λήσω, ἔλαθον, λέληθα, —, —   (+ acc.) escape the notice of; (+ suppl. ptcple.) escape the notice; (mid. + gen.) forget

λέγω, ἐρῶ or λέξω, εἶπον or ἔλεξα, εἴρηκα, εἴρημαι or λέλεγμαι, ἐρρήθην or ἐλέχθην   say, speak, tell

λειμών, -ῶνος, ὁ   meadow

λείπω, λείψω, ἔλιπον, λέλοιπα, λέλειμμαι, ἐλείφθην   leave, leave behind

λευκός, -ή, -όν   white, light, bright

λέων, -οντος, ὁ   lion

λήγω, λήξω, ἔληξα, —, —, —   cease, come to an end

λήθη, -ης, ἡ   forgetfulness; Λήθη = Forgetfulness (a river in the underworld)

λῃστής, -οῦ, ὁ   robber, plunderer, pirate

λίθος, -ου, ὁ   stone, rock

λίμνη, -ης, ἡ   marsh, lake, pond

λῑμός, -οῦ, ὁ   hunger

λόγος, -ου, ὁ   word, speech, story,

argument, reasoning

λοιδορέω, λοιδορήσω, ἐλοιδόρησα,
    λελοιδόρηκα, λελοιδόρημαι,
    ἐλοιδορήθην abuse, revile,
    rebuke

λοιπός, -ή, -όν remaining, the rest

Λουκιανός, -οῦ, ὁ Lucian

λούω, λούσω, ἔλουσα, λέλουκα,
    λέλουμαι, ἐλούθην wash, bathe

λοχᾱγός, -οῦ, ὁ officer, captain (of a
    company of soldiers)

Λύκειον, -ου, τό Lyceum (a park outside
    the walls of Athens)

λύκος, -ου, ὁ wolf

λύπη, -ης, ἡ pain, grief

λύω, λύσω, ἔλῡσα, λέλυκα, λέλυμαι,
    ἐλύθην loosen, release, destroy

Μ

μά particle combined with name of a
    divinity in a negative oath

μάγειρος, -ου, ὁ cook

μάθησις, -εως, ἡ learning (by study),
    mastery (of a subject)

μαθητής, -οῦ, ὁ student, disciple

μάκαρ (gen. -αρος), μάκαιρα,
    μάκαρ blessed, happy, fortunate;
    (as a substantive) the Blessed
    (deceased heroes)

μακάριος, -ᾱ, -ον blessed, happy

μακρός, -ά, -όν long, long-lasting

Μάκρωνες, -ων, οἱ Macronians (a tribe
    living in Pontus)

μάλα (adv.) very, much

μάλιστα (superl. of adv. μάλα) most

μᾶλλον (comp. of adv. μάλα) more, rather

μανθάνω, μαθήσομαι, ἔμαθον, μεμάθηκα,
    —, — (+ ptcple. or ὅτι/ὡς in indir.
    disc.) learn (by study); understand;
    (+ infin.) learn how (to)

μανίᾱ, -ᾱς, ἡ madness

μαρτυρέω, μαρτυρήσω, ἐμαρτύρησα,
    μεμαρτύρηκα, μεμαρτύρημαι,
    ἐμαρτυρήθην (+ dat.) bear
    witness, testify, give evidence

μάταιος, -ᾱ, -ον foolish

μάχη, -ης, ἡ battle, fight

μάχομαι, μαχοῦμαι, ἐμαχεσάμην, —,
    μεμάχημαι, — (+ dat.) fight
    against

μέγας, μεγάλη, μέγα (masc. voc. sg. μεγάλε
    or μέγας) big, large, great, tall

μέγεθος, -ους, τό greatness, size,
    magnitude

μέγιστος, -η, -ον (superl. of μέγας,
    μεγάλη, μέγα) greatest, largest

μεθύσκω, μεθύσω, ἐμέθυσα, μεμέθυκα,
    μεμέθυσμαι, ἐμεθύσθην make
    drunk, intoxicate, inebriate

μειγνύω, μείξω, ἔμειξα, —, μέμειγμαι,
    ἐμείχθην mix

μείζων, -ον (comp. of μέγας, μεγάλη,
    μέγα) greater, larger

Μειλανίων, -ωνος, ὁ Meilanion

μέλας, μέλαινα, μέλαν black, dark

μελετάω, μελετήσω, ἐμελέτησα,
    μεμελέτηκα, μεμελέτημαι,
    ἐμελετήθην give care to, attend
    to, study, practice, rehearse

μελετηρός, -ά, -όν diligent about
    practicing

Μέλητος, -ου, ὁ Meletus

μέλλω, μελλήσω, ἐμέλλησα, —, —, — (+
    fut. infin.) be about (to), intend
    (to); (+ pres. infin.) hesitate (to),
    delay (to)

μέν (postpos. particle) indeed

μέντοι (postpositive particle) surely,
    however

μένω, μενῶ, ἔμεινα, μεμένηκα, —,
    — remain, stay; (+ acc.) wait,
    wait for

μέρος, -ους, τό part, share, portion

μέσος, -η, -ον middle, moderate

μετά (μετ᾽, μεθ᾽) (prep. + gen.) among,
    with, together with; (prep. +
    acc.) after; μετ᾽ before smooth
    breathing, μεθ᾽ before rough
    breathing

μεταβαίνω pass over (from one point to
    the next), change topic, digress
    (see βαίνω)

μεταξύ (prep. + gen.) between

μεταπέμπω send after, send for, summon
    (see πέμπω)

μετέωρος, -ον   high up, lifted up
μετρέω, μετρήσω, ἐμέτρησα,
        μεμέτρηκα, μεμέτρημαι,
        ἐμετρήθην   measure; measure
        out, deal out, pay
μέτρον, -ου, τό   measure
μέχρι   (prep. + gen.) until, up to; (conj.)
        until
μή   (adv.) not (used with subjunctives,
        imperatives, infinitives not in
        indirect discourse, optatives
        in wishes, and participles
        with conditional or general
        force); introduces a question
        expecting the answer "no"; (conj.
        introducing neg. purp. clause)
        lest, in order that... not; (conj.
        introducing fear clause) lest, that;
        introduces cautious assertion
μηδέ (μηδ')   (conj.) and not, nor; (adv.) not
        even; μηδ' before a vowel
μηδέ (μηδ')...μηδέ (μηδ')   (correlatives)
        neither...nor
μηδείς, μηδεμία, μηδέν   none, no; (as
        a substantive) no one, nothing;
        μηδέν (neut. acc. sg. used
        adverbially) in no respect, not at
        all
μηκέτι   (adv.) no longer, no more
μήν   (adv.) surely, yet, however
μήν, μηνός, ὁ   month
μήτηρ, -τρός, ἡ   mother
μήπω   not yet
μηχανάομαι, μηχανήσομαι,
        ἐμηχανησάμην, —, μεμηχάνημαι
        (with pass. sense), —   (+ infin. or
        effort clause) contrive (to), devise
        (to)
μῑκρά   (neut. acc. pl. of μῑκρός, -ά, -όν
        used as adv.) a little, for a little
        while
μῑκρόν   (neut. acc. sg. of μῑκρός, -ά, -όν
        used as adv.) a little, for a little
        while
μῑκρός, -ά, -όν   small, little
μιμνήσκω, μνήσω, ἔμνησα, —, μέμνημαι,
        ἐμνήσθην (fut. perf. μεμνήσομαι)
        remind; (mid., aor. pass., or fut.

pass. + gen. or acc., comp. infin.,
        or indir. disc. + ptcple. or ὅτι/ὡς)
        recall, remember
μῑσέω, μῑσήσω, ἐμῑσησα, μεμῑσηκα,
        μεμῑσημαι, ἐμῑσήθην   hate
μνᾶ (= μνάα), -ᾶς, ἡ   mina (a weight
        or sum of money equal to 100
        drachmas)
μνημεῖον, -ου, τό   monument, memorial
μνήμη, -ης, ἡ   remembrance, memory
μοῖρα, -ᾱς, ἡ   destiny, fate; Μοῖρα =
        Destiny, Fate (personified as a
        goddess)
μοιχεία, -ᾱς, ἡ   adultery
μοιχεύω, μοιχεύσω, ἐμοίχευσα,
        μεμοίχευκα, μεμοίχευμαι,
        ἐμοιχεύθην   commit adultery
μόλις   (adv.) with difficulty, hardly
μόνος, -η, -ον   alone, only
Μοῦσα, -ης, ἡ   a Muse
μοχθηρία, -ᾱς, ἡ   villainy, depravity
μῦθος, -ου, ὁ   myth
μῡριάς, -άδος, ἡ   10,000, myriad,
        countless number
μύριοι, -αι, -α   ten thousand
μύωψ, -ωπος, ὁ   horsefly, gadfly
Μωϋσῆς, -έως, -εῖ, -ῆν, ὁ   Moses

N
ναί   (adv.) verily, indeed, yes
ναός (Attic νεώς), -οῦ, ὁ   temple, dwelling
        of a god
ναυμαχίᾱ, -ᾱς, ἡ   sea-battle
ναῦς, νεώς, ἡ   ship
ναυτικός, -ή, -όν   naval; (as a neut.
        substantive) navy, fleet
νεᾱνίᾱς, -ου, ὁ   young man, youth
νέμω, νεμῶ, ἔνειμα, νενέμηκα, νενέμημαι,
        ἐνεμήθην   deal out, distribute,
        dispense
νέος, -ᾱ, -ον   young, new
νεοττιά, -ᾶς, ἡ   nest
Νέστωρ, -ορος, ὁ   Nestor
νή   particle combined with name of a
        divinity in a positive oath
νηνεμίᾱ, -ᾱς, ἡ   stillness of air, calm
νῆσος, -ου, ἡ   island

νῑκάω, νῑκήσω, ἐνίκησα, νενίκηκα,
    νενίκημαι, ἐνῑκήθην   be
    victorious, win, conquer
νοέω, νοήσω, ἐνόησα, νενόηκα, νενόημαι,
    ἐνοήθην   grasp with the mind,
    comprehend, think, consider,
    reflect
νομίζω, νομιῶ, ἐνόμισα, νενόμικα,
    νενόμισμαι, ἐνομίσθην   regard
    as, acknowledge as, believe in; (+
    infin.) believe, think, consider
νόμιμος, -η, -ον   lawful, law-abiding,
    customary, established
νομοθετέω, νομοθετήσω, ἐνομοθέτησα,
    νενομοθέτηκα, νενομοθέτημαι,
    ἐνομοθετήθην   lay down laws,
    establish laws
νομοθέτης, -ου, ὁ   lawgiver
νόμος, -ου, ὁ   law, custom
νουθετικός, -ή, -όν   of admonishing, of
    warning
νοῦς (= νόος), νοῦ, ὁ   mind, intelligence
νύμφη, -ης, ἡ   bride
νυμφίος, -ου, ὁ   bridegroom
νῦν   (*adv.*) now, at this time
νυστάζω, νυστάξω, ἐνύσταξα, —, —,
    —   nod in sleep, nap, slumber, be
    sleepy
νύξ, νυκτός, ἡ   night; νυκτός = at night
νωθής, -ές   sluggish, lazy, slothful

Ξ

ξένος, -ου, ὁ   stranger, guest, host,
    mercenary soldier
Ξενοφῶν, -ῶντος, ὁ   Xenophon
Ξέρξης, -ου, ὁ   Xerxes
ξίφος, -ους, τό   sword
ξύλινος, -η, -ον   of wood, wooden
ξύλον, -ου, τό   (*used mostly in plural*)
    wood, firewood, piece of wood

Ο

ὁ, ἡ, τό   (*def. article*) the
ὀβολός, -οῦ, ὁ   obol (*small unit of money
    and weight*)
ὅδε, ἥδε, τόδε (ὅδ', ἥδ', τόδ')   (*dem. adj./
    pron.*) this, these, the following;

ὅδ', ἥδ', τόδ' before a vowel
ὁδός, -οῦ, ἡ   way, path, road, journey
ὀδούς, ὀδόντος, ὁ   tooth
ὀδύρομαι, ὀδύρουμαι, ὠδυράμην, —, —,
    —   mourn, lament
Ὀδυσσεύς, -έως, ὁ   Odysseus
ὅθεν   (*rel. adv.*) from where, whence
οἶδα (*pluperf.* ᾔδη), εἴσομαι, —, —, —,
    —   know (*by reflecting*); (+ *infin.*)
    know how (to)
οἰκεῖος, -ᾱ, -ον   belonging to the same
    family, kin, related
οἰκέτης, -ου, ὁ   servant (*of the household*),
    family member
οἰκέω, οἰκήσω, ᾤκησα, ᾤκηκα, ᾤκημαι,
    ᾠκήθην   inhabit, be settled, be
    governed
οἰκίᾱ, -ᾱς, ἡ   house, household
οἴκοι   (*adv.*) at home
οἰνοχοέω, οἰνοχοήσω, ᾠνοχόησα,
    ᾠνοχόηκα, ᾠνοχόημαι, —   pour
    out wine
οἴομαι (*first-pers. sg. often contracts to
    οἶμαι) (*imperf.* ᾤμην), οἰήσομαι,
    —, —, —, ᾠήθην (*with indir. disc.
    + infin. or* ὅτι/ὡς) think, suppose
οἷος, -ᾱ, -ον   (*rel. adj.*) of which sort, such
    as; (*exclam. adj.*) such a!
οἶς, οἰός, ὁ, ἡ   sheep
οἰστός, -οῦ, ὁ   arrow
ὀλίγον   (*neut. acc. sg. of* ὀλίγος,-η, -ον
    used as adv.*) a little, for a little
    while
ὀλίγος, -η, -ον   little, few
ὅλος, -η, -ον   whole, entire, complete
Ὅμηρος, -ου, ὁ   Homer
ὁμῑλίᾱ, -ᾱς, ἡ   companionship, association
ὅμοιος, -ᾱ, -ον   (+ *dat.*) similar (to), like,
    resembling
ὁμολογέω, ὁμολογήσω, ὡμολόγησα,
    ὡμολόγηκα, ὡμολόγημαι,
    ὡμολογήθην   agree, concur; (+
    dat.) agree (with); (*with complem.
    infin. or with indir. disc. + infin.*)
    agree, concede, admit, confess,
    promise
ὁμόνοια, -ᾱς, ἡ   concord, unity; being of
    one mind together

ὁμός, -ή, -όν same

ὅμως (particle) nevertheless

ὀνειδίζω, ὀνειδιῶ, ὠνείδισα,
ὠνείδικα, ὠνείδισμαι,
ὠνειδίσθην reproach, upbraid

ὄνειδος, -ους, τό reproach, blame,
censure, disgrace

ὄνειρος, -ου, ὁ dream

ὄνομα, -ατος, τό name

ὀνομάζω, ὀνομάσω, ὠνόμασα, ὠνόμακα,
ὠνόμασμαι, ὠνομάσθην name,
call

ὄνος, -ου, ὁ, ἡ donkey

ὄνυξ, ὄνυχος, τό nail, claw

ὀξύς, -εῖα, -ύ sharp, keen, quick, swift

ὀπισθοφύλακες, -ων, οἱ rearguard
(guards stationed at the rear of the
army)

ὅπλον, -ου, τό tool, weapon, shield; (pl.)
arms

ὁπόθεν (indir. interrog. adv.) from where?
whence?; (indef. rel. adv.) from
wherever

ὅποι (indir. interrog. adv.) to where?
whither?; (indef. rel. adv.) to
wherever

ὁποῖος, -ᾱ, -ον (indir. interrog. adj.) of
what sort?; (indef. rel. adj.) of
whichever sort

ὁπόσος, -η, -ον (indir. interrog. adj.) how
much? how many?; (indef. rel. adj.)
of whichever size, of whichever
quantity, however much, however,
many

ὁπότε (ὁπότ’, ὁπόθ’) (indir. interrog. adv.)
when?; (indef. rel. adv.) whenever;
ὁπότ’ before smooth breathing,
ὁπόθ’ before rough breathing

ὅπου (indir. interrog. adv.) where?; (indef.
rel. adv.) wherever

ὅπως (indir. interrog. adv.) how?; (indef.
rel. adv.) howsoever, as ever (conj.
introducing purp. clause) in order
that; (conj. introducing effort
clause) how, that

ὅπως μή (conj. introducing neg. purp.
clause) lest, in order that not;
(conj. introducing neg. effort

clause) how...not, that...not

ὁράω (imperf. ἑώρων), ὄψομαι, εἶδον
(imper. ἰδέ), ἑόρᾱκα or ἑώρᾱκα,
ἑώρᾱμαι or ὦμμαι, ὤφθην see,
behold, look (at); (pass.) be seen,
appear

ὀργή, -ῆς, ἡ anger

ὀρέγω, ὀρέξω, ὤρεξα, ὤρεχα, ὤρεγμαι,
ὠρέχθην reach, stretch, hold out

ὀρθόω, ὀρθώσω, ὤρθωσα, ὤρθωκα,
ὤρθωμαι, ὠρθώθην set upright,
raise up; (mid.) stand up

ὀρθῶς (adv.) rightly, correctly

ὁρίζω, ὁριῶ, ὥρισα, ὥρικα, ὥρισμαι,
ὡρίσθην divide, separate; set a
boundary, limit, determine

ὁρμάω, ὁρμήσω, ὥρμησα, ὥρμηκα,
ὥρμημαι, ὡρμήθην set in
motion, urge; (mid.) set out, start,
push on

ὁρμή, -ῆς, ἡ attack, assault; setting out,
start (of a march)

ὄρνῑς, ὄρνῑθος, ὁ, ἡ bird, hen

ὄρος, -ους, τό mountain, hill

ὀρύττω, ὀρύξω, ὤρυξα, ὀρώρυχα,
ὀρώρυγμαι, ὠρύχθην dig

ὀρχέομαι, ὀρχήσομαι, ὠρχησάμην,
ὤρχημαι, —, — dance

ὅς, ἥ, ὅ (relative pron.) who, which, that

ὅσιος, -ᾱ, -ον holy, pious, devout

ὅσος, -η, -ον (rel. adj.) of which size, of
which quantity, as much as, as
many as; (exclam. adj.) how great
a! how many!

ὅσπερ, ἥπερ, ὅπερ who indeed, which
indeed, the very one who, the very
thing that

ὅστε, ἥτε, ὅτε who, which

ὅστις, ἥτις, ὅ τι (indir. interrog. adj./pron.)
(adj.) what? which?; (pron.) who?
what?; (indef. rel. pron.) whoever,
whatever, whichever

ὅταν contraction of ὅτε + ἄν

ὅτε (rel. adv.) when; ὅτ’ before smooth
breathing, ὅθ’ before rough
breathing

ὅτι (never elided)(conj.) because,
since; (particle preceding and

strengthening a superlative) as...as possible; (*conj. introducing indir. discourse*) that; equivalent of a quotation mark beginning a direct quotation

ὁτιοῦν (= ὅ τι + οὖν) any (*thing*) whatsoever

οὐ (οὐκ, οὐχ) (*adv.*) not (*used with indicatives, optatives not in wishes, infinitives in indirect discourse, and participles without conditional or general force; proclitic except οὔ at end of a clause*); οὐκ before smooth breathing, οὐχ before rough breathing; introduces a question expecting the answer "yes"

οὐδαμός, -ή, -όν not even one, no one, none

οὐδαμόσε (*adv. of* οὐδαμός, -ή, -όν) to no place, to nowhere

οὐδέ (οὐδ᾿) (*conj.*) and not, nor; (*adv.*) not even; οὐδ᾿ before a vowel

οὐδέ (οὐδ᾿)...οὐδέ (οὐδ᾿) (*correlatives*) neither...nor

οὐδείς, οὐδεμία, οὐδέν not any, none, no; (*as a substantive*) no one, nothing; οὐδέν (*neut. acc. sg. used adverbially*) in no respect, not at all

οὐκοῦν (= οὐκ + *particle* οὖν) introduces a question expecting the answer "yes"

οὐ μόνον...ἀλλὰ καί (*correlatives*) not only...but also

Οὔξιοι, -ων, οἱ Uxians, people of Uxia

οὖν (*postpos. particle*) therefore, then

Οὐρανίᾱ, -ᾱς, ἡ Urania

οὐρανός, -οῦ, ὁ sky, heaven; Οὐρανός = Sky

οὐσίᾱ, -ᾱς, ἡ substance, property, fortune

οὔτε (οὔτ᾿, οὔθ᾿) (*conj.*) and not; οὔτ᾿ before smooth breathing, οὔθ᾿ before rough breathing

οὔτε (οὔτ᾿, οὔθ᾿)...οὔτε (οὔτ᾿, οὔθ᾿) (*correlatives*) neither...nor

οὔτοι (= οὐ + *enclitic particle* τοι) indeed not

οὗτος, αὕτη, τοῦτο (*dem. adj./pron.*) this, these, that, those, the aforesaid, the well-known, the latter

οὕτω(ς) (*adv.*) in this way, so, thus; οὕτως before a vowel

ὄχλος, -ου, ὁ crowd, mob

ὀφείλω, ὀφειλήσω, ὠφείλησα *or* ὤφελον, ὠφείληκα, —, — owe, be in debt; (*second aor.*) ought

ὀφλισκάνω, ὀφλήσω, ὦφλον, ὤφληκα, ὤφλημαι, — be condemned to, be sentenced to, incur, get

ὄφις, -εως, ὁ snake, serpent

ὄψις, -εως, ἡ appearance, sight

ὄψον, -ου, τό sauce, seasoning

Π

πάθος, -ους, τό experience, suffering

παιδείᾱ, -ᾱς, ἡ upbringing, education

παιδεύω, παιδεύσω, ἐπαίδευσα, πεπαίδευκα, πεπαίδευμαι, ἐπαιδεύθην teach, educate; (*mid.*) have (*someone*) taught

παῖς, παιδός (*gen. pl.* παίδων), ὁ, ἡ child, son, daughter

πάλαι (*adv.*) long ago

πάλιν (*adv.*) back, backwards, again, once more

πανταχόθεν (*adv.*) from all places, on every side

πανταχοῦ (*adv.*) everywhere

παντοδαπός, -ή, -όν of every kind

πάνυ (*adv.*) entirely, very; (*in positive answers*) by all means; (*in negative answers*) [not] at all

πάππος, -ου, ὁ grandfather

παρά (παρ᾿) (*prep. + gen.*) from, from the side of; (*prep. + dat.*) at, at the side of, beside, at the house of; (*prep. + acc.*) to, to the side of, contrary to; παρ᾿ before a vowel

παραγίγνομαι (+ *dat.*) be beside (*to support*), be present with (*see* γίγνομαι)

παρακαλέω call for aid, summon; comfort, console, encourage (*see* καλέω) παρακελεύομαι   advise, prescribe, encourage, exhort (*see* κελεύω)

παραμένω   remain at the side (*of someone*), remain at home (*see* μένω)

παραπλήσιος, -ᾱ, -ον   close, nearly equal, resembling

παρατείνω, παρατενῶ, παρέτεινα, παρατέτακα, παρατέταμαι, παρετάθην   stretch, stretch out (*on the rack*), torture

παρασκευάζω, παρασκευάσω, παρεσκεύασα, παρεσκεύακα, παρεσκεύασμαι, παρεσκευάσθην   prepare, provide, furnish

πάρειμι   be at hand, be present (*see* εἰμί)

παρέχω   offer, furnish, provide, provide for, defray, produce, cause; (+ *infin.*) grant the power (to), allow (to) (*see* ἔχω)

παρίημι   let pass, allow, forgive (*see* ἵημι)

πάροδος, -ου, ἡ   narrow passage, entry-way

πᾶς, πᾶσα, πᾶν   all, every, whole, entire

πάσχω, πείσομαι, ἔπαθον, πέπονθα, —, —   suffer, experience, undergo

πατήρ, -τρός, ὁ   father

πατρίς, -ίδος, ἡ   fatherland, native country

παύω, παύσω, ἔπαυσα, πέπαυκα, πέπαυμαι, ἐπαύθην   stop; (*mid.*) stop oneself, come to a stop, cease

πείθω, πείσω, ἔπεισα, πέπεικα *or* πέποιθα, πέπεισμαι, ἐπείσθην   (*with acc.* + *infin.*) persuade (to); (*mid.* + *dat.*) obey; πέποιθα (+ *dat.*) trust

πεινάω, πεινήσω, ἐπείνησα, πεπείνηκα, —   be hungry; hunger for

πειράω, πειράσω, ἐπείρᾱσα, πεπείρᾱκα, πεπείρᾱμαι, ἐπειράθην   (*usually mid.*) (+ *gen.*) test, make trial of; (+ *infin.*) try (to), attempt (to)

πέμπτος, -η, -ον   fifth

πέμπω, πέμψω, ἔπεμψα, πέπομφα, πέπεμμαι, ἐπέμφθην   send

πενθέω, πενθήσω, ἐπένθησα, πεπένθηκα, —, —   lament, mourn

πενία, -ᾱς, ἡ   poverty, need

πεντήκοντα   fifty

πεντακόσιοι, -αι, -α   five hundred

πέπλος, -ου, ὁ   robe

περ *or* -περ   (*enclitic particle, often attached to an adv., conj., or rel. pronoun; strengthens preceding word*) indeed, the very, just, exactly

περί   (*prep.* + *gen.*) concerning, about; (*prep.* + *dat.*) around; (*prep.* + *acc.*) around (*basic meaning of* περί = *around*); never elided

περιαιρέω   take off, strip away, remove (*see* αἱρέω)

περιβάλλω   throw around, surround, embrace, hug (*see* βάλλω)

Περίβοια, -ᾱς, ἡ   Periboea

Πέρσης, -ου, ὁ   a Persian, inhabitant of Persia

Περσικός, -ή, -όν   Persian

Πηνελόπη, -ης, ἡ   Penelope

πίνω, πίομαι, ἔπιον (*imper.* πῖθι), πέπωκα, πέπομαι, ἐπόθην   drink

πίπτω, πεσοῦμαι, ἔπεσον, πέπτωκα, —, —   fall

πιστεύω, πιστεύσω, ἐπίστευσα, πεπίστευκα, πεπίστευμαι, ἐπιστεύθην   (+ *dat. or with* εἰς + *acc.*) believe (in), trust (in), have faith (in)

πίστις, -εως, ἡ   trust, faith, belief

πιστός, -ή, -όν   trustworthy, reliable

πλεῖστος, -η, -ον   (*superl. of* πολύς, πολλή, πολύ) most

πλείων *or* πλέων, -ον   (*comp. of* πολύς, πολλή, πολύ) more

πλέω, πλεύσομαι, ἔπλευσα, πέπλευκα, πέπλευμαι, ἐπλεύσθην   sail, go by sea

πληγή, -ῆς, ἡ   blow, stroke, hit, punch

πλῆθος, -ους, τό   multitude, crowd; number, quantity

πλὴν ὅτι   (*conj.*) except that, save for the fact that

πληρόω, πληρώσω, ἐπλήρωσα, πεπλήρωκα, πεπλήρωμαι, ἐπληρώθην   fill, fulfill, satisfy

πλήττω, πλήξω, ἔπληξα, πέπληγα, πέπληγμαι, ἐπλήχθην   strike, smite

πλοῖον, -ου, τό boat, ship, vessel

πλόκος, -ου, ὁ wreath

πλοῦς (= πλόος), -οῦ, ὁ sailing-voyage

πλούσιος, -ᾱ, -ον wealthy, rich

πλοῦτος, -ου, ὁ wealth, riches

πνεῦμα, -ατος, τό blowing, blast of wind, gale, breath, spirit, soul

ποδαπός, -ή, -όν (interrog. adv.) from what country? where born? of what sort?

πόθεν (direct interrog. adv.) from where? whence?

ποθέν (enclitic adv.) from somewhere

ποῖ (direct interrog. adv.) to where? whither?

ποι (enclitic adv.) to somewhere

ποιέω, ποιήσω, ἐποίησα, πεποίηκα, πεποίημαι, ἐποιήθην make, create, do; (mid.) regard as, hold to be, consider

ποιμήν, -ένος, ὁ shepherd, herdsman

ποῖος, -ᾱ, -ον (direct interrog. adj.) of what sort?

ποιός, -ά, -όν (indef. enclitic adj.) of some sort

πολεμέω, πολεμήσω, ἐπολέμησα, πεπολέμηκα, πεπολέμημαι, ἐπολεμήθην (+ dat.) make war (on)

πολεμικός, -ή, -όν having to do with hostility; (as a substantive) traits of hostility

πολέμιος, -ᾱ, -ον (+ dat.) at war (with), hostile (to); (as a substantive, usually pl.) enemy (in war)

πόλεμος, -ου, ὁ war

πόλις, -εως, ἡ city-state, city, state

πολῑτεύω, πολῑτεύσω, ἐπολῑτευσα, πεπολῑτευκα, πεπολῑτευμαι, ἐπολῑτεύθην be a citizen; (mid.) live as a citizen, participate in politics

πολῑτης, -ου, ὁ citizen

πολῑτικός, -ή, -όν political

πολλάκις (adv.) many times, often

πολλαπλάσιος, -ᾱ, -ον many times more

πολυμαθής, -ές learned in many fields, multi-talented

πολυπράγμων, -ον meddlesome

πολύς, πολλή, πολύ much, many; οἱ πολλοί = the many, the people

πονηρίᾱ, -ᾱς, ἡ wickedness, badness, evil

πονηρός, -ά, -όν evil, bad, wicked

πόνος, -ου, ὁ hard work, labor, toil, pain

πορεύω, πορεύσω, ἐπόρευσα, πεπόρευκα, πεπόρευμαι, ἐπορεύθην carry, make go; (mid.) go, proceed, journey

πορίζω, ποριῶ, ἐπόρισα, πεπόρικα, πεπόρισμαι, ἐπορίσθην carry, bring about, furnish, provide

πόρρω (adv.) far, far off; (prep. + gen.) far away from

πόσος, -η, -ον (direct interrog. adj.) of what size? of what quantity? how large? how much? how many?

ποσός, -ή, -όν (indef. enclitic adj.) of some size, of some quantity

ποταμός, -οῦ, ὁ river

πότε (πότ', πόθ') (direct interrog. adv.) when?; πότ' before smooth breathing, πόθ' before rough breathing

ποτέ (ποτ', ποθ') (enclitic adv.) sometime, sometimes, ever, once; ποτ' before smooth breathing, ποθ' before rough breathing

πότερον or πότερα...ἤ (correlatives introducing alternative questions, direct or indirect) either...or; whether...or

ποῦ (direct interrog. adv.) where?

που (enclitic adv.) somewhere; (idiomatically) I suppose, I imagine, possibly

πούς, ποδός (voc. sg. πούς), ὁ foot

πρᾶγμα, -ατος, τό deed, affair, thing, (pl.) circumstances, matters of state, trouble

πράττω, πράξω, ἔπρᾱξα, πέπρᾱγα or πέπρᾱχα, πέπρᾱγμαι, ἐπράχθην do, act; fare

πρᾶος, -ον mild, gentle, meek

πρέπω, πρέψω, ἔπρεψα, —, —, — (impers. + dat.) be fitting (for) πρεσβύτης, -ου, ὁ   old man

πρεσβύτερος, -ᾱ, -ον   elder; (as a substantive) an elder

πρίν   (conj. + infin.) before; (conj. + subjunctive + ἄν, or + past tense of indicative) until

πρό   (prep. + gen.) in front of, on behalf of, before (in time), sooner than

προαπαγορεύω   declare publicly, proclaim (see ἀγορεύω)

προβάλλω   throw in front; (mid.) put (fists) up, defend oneself, parry (see βάλλω)

πρόβατον, -ου, τό   farm animal, sheep; (pl.) cattle

πρόγονος, -ου, ὁ   forefather, ancestor

πρόειμι   go forth, advance (see εἶμι)

προθῡμίᾱ, -ᾱς ἡ   eagerness, goodwill

πρόθῡμος, -ον   (+ infin.) eager (to)

Προμηθεύς, -έως, ὁ   Prometheus

προμηθίᾱ, -ᾱς, ἡ   foresight, forethought

πρόνοια, -ᾱς, ἡ   forethought

προπέμπω   send ahead (see πέμπω)

πρός   (prep. + gen.) from, by (in oaths); (prep. + dat.) at, near, in addition to; (prep. + acc.) to, toward, against; (adv.) in addition, over and beyond

προσαγορεύω   declare publicly, proclaim (see ἀγορεύω)

προσάγω   lead to, bring to, bring near, supply, furnish, put forth (see ἄγω)

προσβάλλω   (+ dat.) strike against, attack (see βάλλω)

πρόσειμι   (+ dat.) be added to, be attached to, apply to, belong to, characterize, be present, be at hand (see εἰμί)

προσέρχομαι   (+ dat.) come (to), go (to), approach (see ἔρχομαι)

προσέχω   (+ dat.) put in (at), land (on) (see ἔχω)

προσήκω   (+ dat.) belong (to), be natural (to), be characteristic (of) (see ἥκω)

πρόσθεν   (adv.) before, earlier, in front, ahead

προσκαθίζω   sit down by, settle on (see καθίζω)

πρόσκειμαι   (+ dat.) be placed upon, be attached to, be assigned to (see κεῖμαι)

προσποιέω   add to; (mid. + infin.) pretend (to) (see ποιέω)

προστίθημι   attach to, assign to (see τίθημι)

προτεραῖος, -ᾱ, -ον   (+ gen.) preceding, earlier (than); (supply ἡμέρᾳ) the day before

πρότερον   (neut. acc. sg. of πρότερος, -ᾱ, -ον used as adv.) formerly, earlier

πρότερος, -ᾱ, -ον   (comp.; pos. degree = adv. πρό) former, earlier

πρύμνα, -ᾱς, ἡ   the stern (of a ship)

πρῶτα   (neut. acc. pl. of πρῶτος, -η, -ον used as adv.) first, earliest

Πρωταγόρᾱς, -ου, ὁ   Protagoras

πρῶτος, -η, -ον   (superl. of πρότερος, -ᾱ, -ον) first, earliest

πτωχός, -ή, -όν   beggarly, needy, poor

πυκτεύω, πυκτεύσω, ἐπύκτευσα, —, —, —   practice boxing, box

Πύλαι, -ων, αἱ   Thermopylae (mountain pass in Thessaly)

πυνθάνομαι, πεύσομαι, ἐπυθόμην, —, πέπυσμαι, —   (+ gen.) inquire (of someone); (+ gen./acc. or ptcple., infin., or ὅτι/ὡς in indir. disc.) learn (by inquiry), learn (by inquiry) about, hear, hear about

πῦρ, πυρός, τό   fire

πώποτε (πώποτ')   (adv. used mostly in negative sentences) ever yet

Πῶρος, -ου, ὁ   Porus

πῶς   (direct interrog. adv.) how?

Ρ

ῥᾴδιος, -ᾱ, -ον   easy

ῥήτωρ, -ορος, ὁ   orator, speaker

ῥίπτω, ῥίψω, ἔρρῑψα, ἔρρῑφα, ἔρρῑμμαι, ἐρρίφθην   throw, hurl, cast aside

ῥυθμός, -οῦ, ὁ   rhythm, time

ῥώμη, -ης, ἡ   bodily strength, might, power

Σ

Σάκᾱς, -ου, ὁ   a Sacian (*from the Saca tribe*); Sacas (*name of Astyages' cupbearer*)

Σαλαμίς, -ῖνος, ἡ   Salamis (*large island opposite Athens*)

σαφής, -ές   clear, plain, distinct

σεαυτοῦ, -ῆς (σαυτοῦ, -ῆς)   (*reflex. pron.*) yourself

σελήνη, -ης, ἡ   moon; Σελήνη = Moon (*personified as a goddess*)

σῆμα, -ατος, τό   mark, marking, sign

σημεῖον, -ου, τό   sign, signal, proof

Σικελίᾱ, -ᾱς, ἡ   Sicily

Σικελιώτης, -ου, ὁ   Sicilian

Σιμμίᾱς, -ου, ὁ   Simmias

σῑτηρέσιον, -ου, τό   money for buying food, food allowance

σῖτος, -ου, ὁ   (*nom. pl.* σῖτα) grain, food

σιωπάω, σιωπήσομαι, ἐσιώπησα, σεσιώπηκα, σεσιώπημαι, ἐσιωπήθην   be silent, be still

σκάπτω, σκάψω, ἔσκαψα, ἔσκαφα, ἔσκαμμαι, ἐσκάφην   dig

σκάφος, -ους, τό   hull, ship

σκευή, -ῆς, ἡ   equipment, attire, apparel, dress

σκηνή, -ῆς, ἡ   tent, banquet (*entertainment given in a tent*)

σκοπέω *or* σκέπτομαι (σκέπτομαι *not used in Attic*), σκέψομαι, ἐσκεψάμην, —, ἔσκεμμαι, —   (+ fear or neg. effort clause) look at, examine, consider, reflect on

σκοπός, -ου, ὁ   target, mark, aim, end, object

σκότος, -ου, ὁ   darkness

σκώπτω, σκώψω, ἔσκωψα, —, ἔσκωμμαι, ἐσκώφθην   mock, jeer, joke, jest

σός, σή, σόν   (*poss. adj.*) your, yours, your own (*one person's*)

σοφίᾱ, -ᾱς, ἡ   wisdom

σοφός, -ή, -όν   wise

σπάω, σπάσω, ἔσπασα, ἔσπακα, ἔσπασμαι, ἐσπάσθην   draw, pull, drag

σπένδω, σπείσω, ἔσπεισα, ἔσπεικα, ἔσπεισμαι, ἐσπείσθην   pour a libation, make a drink-offering, make a solemn truce

σπεύδω, σπεύσω, ἔσπευσα, —, —, —   (+ infin.) be eager (to), hasten (to), strive (to)

σπήλαιον, -ου, τό   cave

σπονδή, -ῆς, ἡ   drink-offering, libation; (*pl.*) treaty, truce

σπουδάζω, σπουδάσομαι, ἐσπούδασα, ἐσπούδακα, ἐσπούδασμαι, ἐσπουδάσθην   be eager, be busy, be occupied

σπουδή, -ῆς, ἡ   zeal, seriousness, devotion

σταθμός, -οῦ, ὁ   halting-place, resting-place

στάσις, -εως, ἡ   position, posture, standing

στενότης, -ητος, ἡ   narrowness, straitness

στέφω, στέψω, ἔστεψα, —, ἔστεμμαι, ἐστέφθην   surround with a garland, crown, wreath

στοά, -ᾶς, ἡ   stoa (*building with a roofed colonnade*)

στόμα, -ατος, τό   mouth

στρατεύω, στρατεύσω, ἐστράτευσα, ἐστράτευκα, ἐστράτευμαι, ἐστρατεύθην   wage war; (*mid.*) serve as a soldier

στρατηγέω, στρατηγήσω, ἐστρατήγησα, ἐστρατήγηκα, ἐστρατήγημαι, ἐστρατηγήθην   serve as a general

στρατηγός, -οῦ, ὁ   general (*one of the 10 officials elected annually to run Athens' army and navy*)

στρατιά, -ᾶς, ἡ   army

στρατιώτης, -ου, ὁ   soldier

στρατόπεδον, -ου, τό   camp

στρατός, -οῦ, ὁ   army

σύ   (*pers. pron.*) you (*sg.*)

συγγενής, -ές   descended from the same line, kin, related

συγγνώμων, -ον   (+ *gen.*) forgiving (of)

σύγγραμμα, -ατος, τό   a written-down saying, a written work

συγκατασκευάζω, συγκατασκευάσω, συγκατεσκεύασα, συγκατεσκεύακα, συγκατεσκεύασμαι, συγκατεσκευάσθην   help construct, co-build

σῡκοφαντέω, σῡκοφαντήσω, ἐσῡκοφάντησα, σεσυκοφάντηκα, σεσυκοφάντημαι, ἐσυκοφαντήθην accuse falsely, slander, misrepresent

σῡκοφαντίᾱ, -ᾱς, ἡ false accusation, slander

συλλαμβάνω, συλλήψομαι, συνέλαβον, συνείληφα, συνείλημμαι, συνελήφθην gather together, collect, arrest

συλλήβδην (adv.) collectively, in summary, in short

συμβαίνω come together, come to terms, reach an agreement, come to pass, happen (see βαίνω)

συμμάχομαι be an ally, help, fight alongside (see μάχομαι)

σύμμαχος, -ον fighting along with, allied with; (as a substantive) ally

συμμείγνῡμι mix together, unite, join forces (see μείγνῡμι)

συμπαραθέω (+ dat.) run along together (with), keep pace (with) (see θέω)

συμπίπτω fall in with, meet in battle, grapple (see πίπτω)

συμπλέω sail together with (see πλέω)

συμφέρω be fitting, be useful, be expedient, agree (see φέρω)

σύν (prep. + dat.) with, together with, with the help of

συναγωνίζομαι, συναγωνιοῦμαι, συνηγωνισάμην, συναγώνισμαι, —, — fight alongside, fight on the same side

σύνδειπνος, -ου, ὁ, ἡ dinner companion

συνέρχομαι come together, assemble, meet (see ἔρχομαι)

συνεχής, -ές continuous, continual

συνέχω hold together, keep together, embrace, encompass (see ἔχω)

συνθήκη, -ης, ἡ agreement; (pl.) articles of agreement, treaty

σύνοικος, -ον dwelling together; (as a substantive) co-inhabitant

συντείνω stretch, strain, strive, exert oneself, direct attention (see τείνω)

συντίθημι put together, add, construct; (+ dat.) make a treaty (with) (see τίθημι)

συσκευάζω, συσκευάσω, συνεσκεύασα, συνεσκεύακα, συνεσκεύασμαι, συνεσκευάσθην put together, make ready; (mid.) pack up (baggage)

συστρατεύω, συστρατεύσομαι, —, —, —, — campaign together in the army

συχνός, -ή, -όν long (in time), much

συναγωνίζομαι fight alongside

σφάλλω, σφαλῶ, ἔσφηλα, ἔσφαλκα, ἔσφαλμαι, ἐσφάλην throw (in wrestling), make (something) fall; (pass.) stagger, reel

σχεδόν (adv.) nearly, almost

σῴζω, σώσω, ἔσωσα, σέσωκα, σέσωσμαι or σέσωμαι, ἐσώθην save, bring safely (to)

Σωκράτης, -ους, ὁ Socrates

σῶμα, -ατος, τό body

σῶς (= σώος), σῶν (pl. σῶοι, -αι, -α) safe, alive and well

σωφρονέω, σωφρονήσω, ἐσωφρόνησα, σεσωφρόνηκα, σεσωφρόνημαι, ἐσωφρονήθην be prudent, be sensible, be moderate, be self-controlled

σωφροσύνη, -ης, ἡ prudence, discretion, temperance, self-control

σώφρων, -ον prudent, discreet, temperate, self-controlled

Τ

τακτός, -ή, -όν ordered, prescribed, fixed

τάλαντον, -ου, τό talent (a weight or sum of money equal to 60 minas)

ταῦτα these (neut. pl. acc. of οὗτος)

τάφος, -ου, ὁ burial, grave

τάχος, -ους, τό swiftness, speed, velocity

ταχύς, -εῖα, -ύ fast, quick, swift

τε (τ᾽, θ᾽) (enclitic conj.) and; τ᾽ before smooth breathing, θ᾽ before rough breathing

τε (τ᾽, θ᾽)...καί (correlatives) both...and

τείνω, τενῶ, ἔτεινα, τέτακα, τέταμαι, ἐτάθην   stretch, strain

τεῖχος, -ους, τό   wall (of a city)

τέκνον, -ου, τό   child, offspring

Τελαμών, -ῶνος, ὁ   Telamon

τέλεος (or τέλειος), -ᾱ, -ον   complete, finished, perfect, absolute

τελευτάω, τελευτήσω, ἐτελεύτησα, τετελεύτηκα, τετελεύτημαι, ἐτελευτήθην   finish, bring to an end, close (life), die

τελέω, τελῶ, ἐτέλεσα, τετέλεκα, τετέλεσμαι, ἐτελέσθην   finish, complete, fulfill, accomplish, execute, perform

τέλος, -ους, τό   completion, fulfillment, result, end, finish, death, perfection; τέλος (accus. sg. used as adv.) in the end, at last, finally

τέμνω, τεμῶ, ἔτεμον, τέτμηκα, τέτμημαι, ἐτμήθην   cut

τετράμετρον, -ου, τό   tetrameter

τεττᾱράκοντα   forty

τέτταρες, τέτταρα   four

τέττῑξ, -ῑγος, ὁ   cicada, grasshopper

τέχνη, -ης, ἡ   art, skill, craft, trade

τήμερον   (adv.) today

Τιγράνης, -ου, ὁ   Tigranes

τίθημι, θήσω, ἔθηκα, τέθηκα, τέθειμαι, ἐτέθην   place, put, set, establish, make, lay down

τίκτω, τέξω, ἔτεκον, τέτοκα, —, —   give birth to, lay (an egg), beget

τῑμάω, τῑμήσω, ἐτίμησα, τετίμηκα, τετίμημαι, ἐτῑμήθην   honor, value

τῑμή, -ῆς, ἡ   honor, worth, price

τίμημα, -ατος, τό   assessment (of a penalty), sentence

τίς, τί   (interrog. adj.) what? which?; (interrog. pron.) who? what?; τί (neut. acc. sg. used as adv.) why?

τις, τι   (indef. adj., enclitic) a, an, a certain, some, any; (indef. pron., enclitic) someone, something, anyone, anything, some, any

Τισσαφέρνης, -ους, ὁ   Tissaphernes

τοιόσδε, τοιᾱδε, τοιόνδε   of such a sort, such (strengthened form of τοῖος, -ᾱ, -ον)

τοιοῦτος, τοιαύτη, τοιοῦτο(ν)   of such a sort, such (strengthened form of τοῖος, -ᾱ, -ον; Attic usually adds -ν to τοιοῦτο)

τόλμα, -ης, ἡ   boldness, daring

τολμάω, τολμήσω, ἐτόλμησα, τετόλμηκα, τετόλμημαι, ἐτολμήθην   (+ infin.) be bold enough (to), dare (to)

τοξική (= τοξικὴ τέχνη), -ῆς, ἡ   use of the bow, archery

τοξικός, -ή, -όν   of the bow

τόπος, -ου, ὁ   place, passage (in a book)

τόσος, -η, -ον   so great, so much; (pl.) so many

τοσόσδε, τοσήδε, τοσόνδε   so great, so much; (pl.) so many (strengthened form of τόσος, -η, -ον)

τοσοῦτος, τοσαύτη, τοσοῦτο(ν)   so great, so much; (pl.) so many (strengthened form of τόσος, -η, -ον; Attic usually adds -ν to τοσοῦτο)

τότε (τότ᾽, τόθ᾽)   (adv.) then, at that time; τότ᾽ before smooth breathing, τόθ᾽ before rough breathing

τοὐλάχιστον   (crasis of τὸ ἐλάχιστον) smallest, least

τρέπω, τρέψω, ἔτρεψα, τέτροφα, τέτραμμαι, ἐτρέφθην   turn; (mid./pass.) betake oneself, move

τρέφω, θρέψω, ἔθρεψα, τέτροφα, τέθραμμαι, ἐτράφην   rear, breed, nurture, support, raise, bring up

τρέχω, δραμοῦμαι, ἔδραμον, δεδράμηκα, δεδράμημαι, —   run

τρεῖς, τρία   three

τριάκοντα   thirty

τριᾱκοστός, -ή, -όν   thirtieth

τριήρης, -ους, ἡ   trireme (warship with three banks of oars)

τρίμετρον, -ου, τό   trimeter

τριχῆ   (adv.) triply, in three ways

τρόπαιον, -ου, τό   victory monument, trophy

τρόπος, -ου, ὁ   turn, way, manner, habit; (pl.) character

τροφεύς, -έως, -ὁ   one who rears, a
    nurturer
τροφή, -ῆς, ἡ   rearing, upbringing,
    food, nourishment, provision,
    maintenance
τυγχάνω, τεύξομαι, ἔτυχον, τέτυχηκα, —,
    — (+ *dat.*) befall, happen (to);
    (+ *suppl. ptcple.*) chance, chance
    to happen; (+ *gen.*) hit (*a target*),
    chance upon, meet, obtain
τύμπανον, -ου, τό   tambourine
τύχη, -ης, ἡ   chance, fortune, luck; Τύχη =
    Chance, Fortune (*personified as a
    goddess*)

Υ

ὑβριστής, -οῦ, ὁ   overbearing person,
    insolent person
υἱός, -οῦ, ὁ   son
ὑμεῖς   (*pers. pron.*) you (*pl.*)
ὑπαίθριος, -ᾱ, -ον   under the sky, in the
    open air
ὑπάρχω   begin, take initiative, be, be real,
    exist, come into existence (*see*
    ἄρχω)
ὑπέρ   (*prep. + gen.*) over, above, on behalf
    of; (*prep. + acc.*) over, to a place
    over, beyond
ὑπερβάλλω   exceed, be in excess (*see*
    βάλλω)
ὑπερέχω   rise above, exceed, outdo,
    surpass (*see* ἔχω)
ὑπεροράω   look down on, despise (*see*
    ὁράω)
ὑπέχω   supply, provide, give, render (*see*
    ἔχω)
ὑπό (ὑπ’, ὑφ’)   (*prep. + gen.*) from under,
    by (*under the agency of*); (*prep. +
    dat.*) under; (*prep. + acc.*) under, to
    a place under; ὑπ’ before smooth
    breathing, ὑφ’ before rough
    breathing
ὑποδεής, -ές   deficient, lacking, inferior
ὑποζύγιον, -ου, τό   beast of burden,
    baggage animal
Ὑρκάνιος, -ᾱ, -ον   Hyrcanian
Ὑστάσπᾱς, -ου, ὁ   Hystaspas
ὕστερον   (*neut. acc. sg. of* ὕστερος, -ᾱ, -ον

used as adverb)   later
ὕστερος, -ᾱ, -ον   later, next

Φ

Φαῖδρος, -ου, ὁ   Phaedrus
Φαίδων, -ωνος, ὁ   Phaedo
φαίνω, φανῶ, ἔφηνα, πέφαγκα *or* (*intrans.*)
    πέφηνα, πέφασμαι, ἐφάνθην *or*
    (*intrans.*) ἐφάνην   make appear,
    show; (*mid. & intrans. forms*)
    appear
Φαρισαῖοι, -ων, οἱ   Pharisees
φάρμακον, -ου, τό   drug, poison
φαῦλος, -η, -ον   slight, trivial, lowly
φείδομαι, φείσομαι, ἐφεισάμην, —,
    πέφεισμαι, —   (+ *gen.*) spare,
    be sparing (of), refrain (from), be
    thrifty (with)
Φεραύλᾱς, -ᾱ (*Doric gen. sg.* = *Attic* -ου),
    ὁ   Pheraulas
φέρω, οἴσω, ἤνεγκα *or* ἤνεγκον, ἐνήνοχα,
    ἐνήνεγμαι, ἠνέχθην   bear, bring,
    carry
φημί, φήσω, ἔφησα, —, —, —   say, assert;
    οὔ φημι = deny
φθόνος, -ου, ὁ   envy
φιάλη, -ης, ἡ   drinking-bowl
φιλέω, φιλήσω, ἐφίλησα, πεφίληκα,
    πεφίλημαι, ἐφιλήθην   love, kiss;
    (+ *infin.*) be fond of (*doing*), be
    accustomed (to)
φιλίᾱ, -ᾱς, ἡ   friendship
φιλικός, -ή, -όν   having to do with
    friendship
Φίλιππος, -ου, ὁ   Philip
φίλιππος, -ον   horse-loving, fond of horses
φιλόθηρος, -ον   fond of hunting
φιλοκίνδῡνος, -ον   fond of danger, daring
φιλομαθής, -ές   fond of learning, eager for
    knowledge
φιλοπάτωρ, -ορος, ὁ, ἡ   person devoted to
    his or her father
φιλοπονίᾱ, -ᾱς, ἡ   love of toil,
    laboriousness
φίλος, -ου, ὁ   friend (*male*)
φιλοσοφέω, φιλοσοφήσω, ἐφιλοσόφησα,
    πεφιλοσόφηκα, πεφιλοσόφημαι,

ἐφιλοσοφήθην practice philosophy

φιλόσοφος, -ον philosophical; (as a substantive) philosopher

Φλῑάσιος, -ᾱ, -ον Phliasian, from the town of Phlius

φοβερός, -ά̄, -όν fearful

φοβέω, φοβήσω, ἐφόβησα, πεφόβηκα, πεφόβημαι, ἐφοβήθην frighten; (mid./pass. + acc.) be frightened (of), be afraid (of), fear

φόβος, -ου, ὁ fear, fright

φονεύω, φονεύσω, ἐφόνευσα, πεφόνευκα, πεφόνευμαι, ἐφονεύθην kill

φόρος, -ου, ὁ tribute, payment

φορτίον, -ου, τό load, burden

φράζω, φράσω, ἔφρασα, πέφρακα, πέφρασμαι, ἐφράσθην tell, declare, explain

φρονέω, φρονήσω, ἐφρόνησα, πεφρόνηκα, πεφρόνημαι, ἐφρονήθην think, have understanding, have good sense

φρόνιμος, -ον in one's right mind, sensible, prudent

φύλαξ, -ακος, ὁ guard, guardian

φυλάττω, φυλάξω, ἐφύλαξα, πεφύλαχα, πεφύλαγμαι, ἐφυλάχθην stand guard, guard, protect, preserve; (mid.) be on guard against

φύλλον, -ου, τό leaf

φύσις, -εως, ἡ nature

φῶς (= φάος), φωτός, τό light

X

χαίρω, χαιρήσω, —, κεχάρηκα, κεχάρημαι, ἐχάρην (+ suppl. ptcple.) be happy; (+ dat.) rejoice (in), take delight (in); χαῖρε = hello! or farewell!

χαλεπός, -ή, -όν difficult, hard

Χαλκιδεύς, -έως, ὁ Chalcidian

χαρά, -ᾶς, ἡ joy, delight

χάριν (acc. sg. of χάρις, -ιτος, ἡ used as postpos. prep. + gen.) for the sake of

χάρις, -ιτος, ἡ grace, favor, gratitude

χειμών, -ῶνος, ὁ storm

χείρ, χειρός (dat. pl. χερσί[ν]), ἡ hand

Χείρων, -ωνος, ὁ Chiron

χελῑδών, -όνος, ἡ swallow

Χερρόνησος, -ου, ἡ Chersonese (peninsula in Thrace)

χορτάζω, χορτάσω, ἐχόρτασα, —, κεχόρτασμαι, ἐχορτάσθην feed, fatten; (pass.) be satisfied, eat one's fill

χράομαι, χρήσομαι, ἐχρησάμην, —, κέχρημαι, ἐχρήσθην (+ dat.) use, treat, deal with, be subject to, experience

χρή (indecl.) necessity; (+ ἐστί & acc. + infin.) there is need (to), it is necessary (to), one ought (to) (imperf. χρῆν or ἐχρῆν, fut. indic. χρῆσται, pres. subj. χρῇ, pres. opt. χρείη, pres. infin. χρῆναι, indeclin. ptcple. χρεών)

χρῆμα, -ατος, τό thing; (pl.) goods, property, money, costs

χρηστός, -ή, -όν useful, good, worthy, honest

χρόνος, -ου, ὁ time

χρῡσοῦς (= χρύσεος, irreg. accent in contraction), -ῆ, -οῦν golden

χρῡσός, -οῦ, ὁ gold

Χρυσάντᾱς, -ου, ὁ Chrysantas

χώρᾱ, -ᾱς, ἡ land, country, countryside, space, position

Ψ

ψευδομαρτυρέω bear false witness (see μαρτυρέω)

ψεύδω, ψεύσω, ἔψευσα, —, ἔψευσμαι, ἐψεύσθην cheat, deceive; (pass. + gen.) be cheated (of), be deceived (in)

ψηφίζω, ψηφιῶ, ἐψήφισα, ἐψήφικα, ἐψήφισμαι, ἐψηφίσθην vote, vote for

ψήφισμα, -ατος, τό proposition carried by vote, decree

ψῡχή, -ῆς, ἡ spirit, soul, life

ψωμός, -οῦ, ὁ morsel, small piece of bread

Ω

ὦ   (interj. + vocative) O!

Ὠγυγίᾱ, -ᾱς, ἡ   Ogygia (*Calypso's island*)

ᾠδή, -ῆς, ἡ   song, ode

ὠμοβόειος, -ᾱ, -ον   of raw, untanned ox-
hide

ὠνέομαι (*imperf.* ἐωνούμην), ὠνήσομαι,
ἐπριάμην, —, ἐώνημαι,
ἐωνήθην   (*deponent in first three
principal parts only*) buy

ᾠόν, -οῦ, τό   egg

ὥρᾱ, -ᾱς, ἡ   season, hour; (*with acc./dat. +
infin.*) it is time (to)

ὡς   (*particle + participle*) as if, with
the avowed intention of, on the
grounds of; (*causal/temporal conj.*)
as, since, because, after, when;
(*adv. + adj. or adv. in exclamation*)
how!; (*particle + superlative*) as...
as possible; (*rel. adv.*) how, as;
(*conj. introducing indir. discourse*)
that, how; (*prep. + acc.; only with
persons as its object*) to; (*conj.
introducing effort clause*) how, that

ὡς μή   (*conj. introducing neg. purp. clause*)
lest, in order that not; (*conj.
introducing neg. effort clause*)
how...not, that...not

ὥσπερ   (*adv.*) as if, as it were, just as,
exactly as, in the very way

ὥστε   (*conj. + infin.*) so as; (*conj. + finite
verb in indic. mood*) so that

ὠτειλή, -ῆς, ἡ   wound, scar

ὠφελέω, ὠφελήσω, ὠφέλησα, ὠφέληκα,
ὠφέλημαι, ὠφελήθην   help, aid